民族之魂

仁者仁心

陈志宏◎编著

延边大学出版社

图书在版编目（CIP）数据

仁者仁心 / 陈志宏编著 . —— 延吉 : 延边大学出版
社 , 2018.4（2023.3 重印）

（民族之魂 / 姜永凯主编）

ISBN 978-7-5688-4507-6

Ⅰ . ①仁… Ⅱ . ①陈… Ⅲ . ①品德教育 – 中国 – 青少
年读物 Ⅳ . ① D432.62

中国版本图书馆 CIP 数据核字（2018）第 069085 号

仁者仁心

编　　　著 :	陈志宏	
丛 书 主 编 :	姜永凯	
责 任 编 辑 :	王　静	
封 面 设 计 :	映像视觉	
出 版 发 行 :	延边大学出版社	
社　　　址 :	吉林省延吉市公园路 977 号	邮编 : 133002
网　　　址 :	http://www.ydcbs.com	E-mail : ydcbs@ydcbs.com
电　　　话 :	0433-2732435	传真 : 0433-2732434
发行部电话 :	0433-2732442	传真 : 0433-2733056
印　　　刷 :	三河市同力彩印有限公司	
开　　　本 :	640×920 毫米	1/16
印　　　张 :	8	字数 : 90 千字
版　　　次 :	2018 年 4 月第 1 版	
印　　　次 :	2023 年 3 月第 2 次印刷	

ISBN 978-7-5688-4507-6

定价 : 38.00 元

人有灵魂，国有国魂；一个民族，也有民族魂。

鲁迅先生曾经说过："唯有民魂是值得宝贵的，唯有他发扬起来，中国才有真进步。"

鲁迅先生以笔代戈，战斗一生，曾被誉为"民族魂"。

民族魂，顾名思义，就是一个民族的灵魂！民族魂，是一个民族的精髓，体现了一种民族的精神，是一个民族生存和存在的精神支柱。

什么是中华民族的民族魂？那就是中华民族精神！它是中华民族凝聚力的理念核心，是中华文明传承的基因。它包含热烈而坚定的爱国情感，对生活的美好愿望和追求，为目标努力奋斗的拼搏毅力，为正义事业不惜牺牲自己的精神，以及正确的人生观和价值观。

前 言

翻开浩瀚的中国历史长卷，我们可以看到数不胜数的，体现民族精神和民族魂的英雄人物和可歌可泣的感人故事。

民族魂，不仅体现在爱国主义精神和行动中，而且体现在各个领域自强不息的民族奋斗中。而中华民族精神的力量，更是深深植根于延绵几千年的传统文化之中，始终是维系中华各族人民共同生活的纽带，是支撑中华民族生存和发展的精神支柱，是不断推动中华民族前进的强大动力。

民族魂体现在"重大义，轻生死"的生死观中；民族魂体现在"国家兴亡，匹夫有责"的使命感中；民族魂体现在"我以我血荐轩辕"的大无畏精神中；民族魂体现在将国家利益置于最高的爱国情怀中！

纵观中华五千年文明史，曾经有多少杰出的政治家、军事家、思想家、文学家、科学家、艺术家；曾经有多少忧国忧民、鞠躬尽瘁的仁人志士；曾经有多少抗击外敌、英勇献身的民族英雄。他们或顺应历史潮流，积极改革弊政，励精图治，治国安邦，施利于民；或为人类进步而不断进行着农业、工业、科技、社会等各种创新；或开发和改造河山，不断创造着灿烂的中华文明；或英勇反击外来侵略，捍卫着国家主权和民族尊严；或坚决反对民族分裂，维护国家的统一……他们从不同的侧面，体现了中华民族的民族魂，谱写了几千年中华文明的壮丽诗篇，铸造了中华民族高尚而坚不可摧的"民族之魂"。

民族魂，就是爱国魂。从屈原在汨罗江边高唱的《离骚》，到文天祥大义凛然赴死前的"人生自古谁无死，留取丹心照汗青"的诗句；从岳飞的岳家军抗击入侵金兵，到郑成功收复台湾；从血雨腥风的鸦片战争，到硝烟弥漫的十四年抗战，再到抗美援朝的隆隆炮声……哪个为国捐躯的英雄不是可歌可泣的？

民族魂，就是奋斗魂。从勾践卧薪尝胆，到司马迁秉笔直书巨著《史记》；从鉴真东渡传播佛法终在第六次成功，到詹天佑自力更生建铁路；从袁隆平百次实验成为"水稻之父"，到屠呦呦的青蒿素获得诺贝尔奖……哪个不是历经艰难，最终取得成功？

民族魂，就是改革献身魂。从管仲改革到商鞅变法；从王安石变法到百日维新……哪次变法图强不是要冲破

民族之魂

旧势力的阻挠，或流血牺牲？

民族魂，就是创新魂。 古有毕昇发明活字印刷，今有王选计算机照排；古有指南针、造纸术、火药、浑天仪、地动仪的发明，今有神舟号的相继飞天……哪个不是中华民族的智慧结晶？

自古以来，多少仁人志士为了维护人格的尊严和民族气节，以生命为代价！留下了"玉可碎不可污其白，竹可断不可毁其节"的称颂；有多少英雄豪杰，为理想和事业奋斗，面对死亡的威胁，大义凛然；有多少爱国壮士面对侵犯祖国的列强，挺身而出而献出生命。

伟大的中华民族孕育了五千年的辉煌，五千年的历史留下了璀璨的中华文明。

中国人的血脉流淌着顽强不屈的精神！我们的先辈用血汗和生命铸就了不朽的中华民族魂！换得如今中华大地的一片祥和安宁，换得我们现在的幸福生活。如今，我们要实现习近平主席提出的中国梦，依然需要我们秉承祖辈留下的这种"民族魂"。

青少年是国家的希望，亦是民族的未来。因此，爱国主义教育和励志图强教育要从青少年开始。为了增强对青少年的民族精魂和志向教育，我们精心编写了本套丛书——《民族之魂》丛书。

本套丛书将我国有史以来体现民族精神和民族魂的典型事迹，以通俗易懂的语言故事形式展现出来，适合青少年的阅读水平和欣赏角度。书中提供的人物和事件等故事，涉及社会的各个方面，有利于青少年学习和理

前 言

解，使读者能全方位地领悟中华民族精神。

为了帮助读者更好地理解和吸收故事的精神，编者在每篇故事后还给出了"心灵感悟"，旨在使故事更能贴近现实社会，让读者结合自身的需要学习领会，引发读者更深入的思考。

希望读者们可以从本套图书中获得教益，通过阅读，真正体会到中华民族之魂所在，同时能汲取其精华，不断提升自己各方面的素质和品格，为祖国新时代的建设和发展做出努力。

全套丛书分类编排，内容详尽，风格独具，是广大读者尤其是青少年爱国励志教育的优秀阅读材料。相信本套丛书一定可以成为青少年朋友的良师益友。

民族之魂

导言

  "仁"是中国古代儒家的重要道德思想，也是其提倡的基本道德规范。"仁"也是中国固有的精神，是中国传统美德中的重要内容之一。

  中国古代圣人孔子对"仁"有多方面的论述，并赋予"仁"以丰富的道德内涵。"仁"包括忠恕，即所谓"己欲立而立人，己欲达而达人"；包括克己，有"克己复礼为仁"；包括孝悌，有"孝弟也者，其为仁之本与"；包括自爱，有"仁者自爱"；还包括智、勇、恭、宽、信、敏、惠等美德及其规范。因此，"仁"被儒家视为"全德"。"仁"的核心是爱人，孔子最早以"爱人"解释"仁"。儒家的仁爱是由己推人，由内而外，由近及远，即珍视生命，以爱己之心爱人，将内在的仁爱之心转化为具体实在的仁爱待人之举；以仁爱待身边的人，并推而广之，以仁爱对待全天下之人。与儒家仁爱思想相似的是墨家的"兼爱"思想。墨子提出"兼相爱，交相利"，意思是，社会中的人互相关心互相爱护，以实现物质利益方面的平等互利。兼爱互利是为治之道，如此天下才能和谐、富足。

  "仁"与"爱"密不可分，"仁"是一种内在的思想品质和道德修养，"仁"充乎内而发乎外，表现为关爱他人的具体行动。荀子言："积善成德，而神明自得，圣心备焉。"就是说在不断的积德行善中可以净化

1

自己的心灵，提高自己的修养，从而完善自己的道德境界。仁爱思想在中国历史上具有一定的积极意义。它是正确处理人际关系的原则，也是对漠视人生命和尊严的意识的否定。它提倡人与人相爱，尊重人的价值，同情人、帮助人，体现了古代的人道主义精神。在历史上，无数的仁人志士力求"仁"的境界，推己及人，大爱苍生，为他人及民众之福祉奔走操劳，不懈努力，甚至"杀身以成仁"，千百年大德犹存，令人景仰。

毋庸讳言，传统道德中的"仁爱"思想也有历史的局限性。儒家提倡的"仁爱"有贵贱等级差别，墨家的"兼爱"和后来的"民胞物与"等观点还含有超阶级的空想成分。到了现代，在新的历史时期，仁爱的内涵有了延伸和扩大，社会中人们之间要互相帮助，互相支持，团结友爱。现在，关心他人和关爱他人，已成为社会主义道德的重要组成部分，对创建和谐社会具有非常的意义。

在本书中，我们精心选编了历史上一些体现"仁为人道"精髓的故事，希望大家通过阅读此书，更深刻地理解它的内涵意义，从中受到启迪。在日常生活和学习工作中，能够以他们为楷模，向那些道德高尚的先贤学习，时时保持仁爱之心，从身边的小事做起，关心爱护别人，为别人解决困难，把别人的快乐当做自己的快乐，在帮助别人的过程中进一步提高自己的道德修养，为和谐社会的建立做出自己的贡献。

目录 CONTENTS

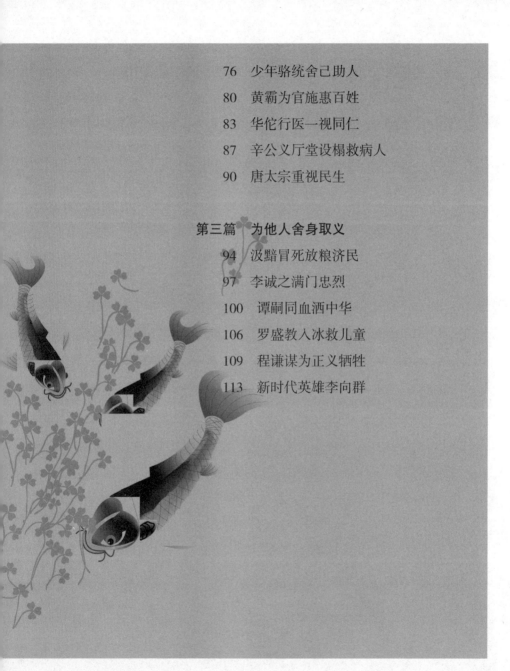

第一篇
仁德之心见之行为

商汤施仁政得民心

商汤（生卒年不详），子姓，名履，庙号太祖，是为商太祖。他是商朝的创建者，商汤为商国君主17年，建立商朝后称王在位12年。今人多称商汤，又称武汤、天乙、成汤、成唐，甲骨文称唐、大乙，又称高祖乙。商汤原是商人部落首领，汤建立商朝后，对内减轻征敛，鼓励生产，安抚民心，从而扩展了统治区域，影响远至黄河上游，氐、羌部落都来纳贡归服。商汤葬地据传有六处，说法最多的是在亳（今商丘县北面）。

夏朝从夏禹到夏桀有四百多年历史。夏桀是中国历史上有名的暴君，他和奴隶主贵族一道荼毒百姓，残害奴隶，并且大兴土木，为自己修建豪华宫殿，奢侈无度，百姓怨声载道。首领汤精心治国，仁德待人，得到天下人的拥护，最后一呼百应，推翻了夏朝，建立了商朝。因为历史上把改朝换代看成是天命的变革，所以商汤伐夏被称为"商汤革命"。商汤革命也成就了以仁德得天下的典范。

商汤的始祖是五帝之一的帝喾的儿子契。由于契帮大禹治水有功，舜帝便命令他说："现在老百姓们不相亲相爱，父子、君臣、夫妇、长幼、朋友之间五伦关系不顺，你去担任司徒吧，要认真地施行五伦教育，要本着宽厚的原则。"于是，契领导的商部落在唐尧、虞舜、夏禹时代逐渐兴起，契也为老百姓做了许多好事，功业昭著，百姓因而得以安定。

商族兴起于黄河下游，相当于现在的河南、山东一带。到了夏朝末年，商汤做了商的首领，将都城设在亳（今商丘）。商汤施政宽和仁厚，革除了以人祭天的种种陋习，布德施惠。他致力于生产和经济的发展，并大力发展商业。他对黎民轻赋薄敛，百姓亲附，令行天下。他说："人照一照水就能看出自己的形貌，看一看民众就可以知道国家治理得好与不好。"他认为自己信奉的是天的主张。

商汤在夏朝为方伯（一方诸侯之长），有权征讨邻近的诸侯。葛伯不顾祖上的优良传统，荒于祭祀，对民众严酷，不好好治理国家，也不抚育万民。商汤多次劝谏葛伯，葛伯不听，商汤便发兵征讨伐葛伯。他对葛伯说："你们不能敬顺天命，我就要重重地惩罚你们，概不宽赦。"

由于商汤能够勤政爱民，国力日益雄厚，势力逐渐由黄河下游发展到中游，并渗透到夏的统治地区内。他还与邻国亲和，建立了强大的部落联盟。此时商虽然是夏的臣服国，但客观上却具备了与夏对峙的实力。

商汤是一位贤明的君主，他礼贤下士，对人才非常敬重。他任用贤能不拘一格，不管谁身份贵贱，被他发现了，就会将其安置到一个合适的位置。有一个典型的例子可以说明。

商汤之妻是有莘商氏的女儿，下嫁于他时带了一个陪嫁奴隶，名为伊尹。开始时商汤不知道伊尹是个什么样的人，便差他在厨房干活。殊不知伊尹不但很有学识，而且胸怀大志。伊尹得知商汤是一个贤德的国君，早就对他很佩服，有心跟着他成就一番事业，只愁没有机会。为了让商汤发现自己，开始他故意把饭菜做得很可口，商汤便知有了一个很好的厨师。但不久，商汤却发现他做的饭菜有时咸有时淡，很不可口。商汤觉得奇怪，就把他唤到跟前责问他。

伊尹很高兴能有机会接触到商汤，他说："我当然知道只有咸淡适中、五味调和吃起来才有味道。你哪里知道，我就是想向你进谏而没有机会，才故意这样做，让你召见我的。一个君王就像一个做菜的厨师，施政要掌握得恰到好处，天下百姓才乐于接受你的政令。"

接着，他就向商汤讲述了远古帝王及九类君主的所作所为，阐述了自己对治理国政的见解，建议商汤更好地实行王道，以得到民众的拥护为根基，发展自己的经济，壮大自己的力量。

商汤一听，确实是真知灼见，于是大为惊奇，知道他是一个贤才，如此有心术，一定是有来历的。细问才知道，伊尹原来是个博学多闻的大学士，曾做过莘国国君女儿的宫廷教师，在莘国还没能等到机会展示自己的雄才，莘国便灭亡了。他想到商国来辅佐商汤，才甘愿以一个奴隶的身份做了商汤妻子的陪嫁。

商汤为自己能够得到这样一个胸有大志、深通韬略的奇人而庆幸，认为在夏末这样一个衰败的时代，要济世救民，这可是一个极有用的人才。于是，他就免除了伊尹的奴隶身份，任为右相。但他又觉得不妥：这样一个难得的人才，只让他做商国的右相，岂不是屈才？如果把他荐到夏桀身边去发挥作用，用他的才能改变夏桀的暴虐和荒淫，不是可以拯救整个天下吗？于是，商汤便把伊尹推荐给了天子夏桀。可是夏桀荒淫无道，只重用奸臣，以前多少贤才都被他驱逐了，哪里会重用伊尹？

伊尹到夏桀那里后，因为不能施展才能而非常失望，对夏桀的无道十分憎恶，认为拯救天下的希望在商汤，于是就找机会离开夏桀，又回到了商汤的身边。商汤问他为什么回来，他便把夏桀施行暴政、荒淫无道、暴戾顽贪、天下颤恐而患之的状况向商汤汇报了。

伊尹还向商汤诉说了自己离开夏桀重回商都的心志，劝说商汤好好治理国家，担当起拯救天下的重任。商汤忧惧天下不宁，便让伊尹做自己的助手，为成就拯救天下的大业，大大小小的事都找他商量。

　　在伊尹的辅佐下，商汤亲贤乐士，仁政爱民，重视商业，更加勤于政务，更加受到民众的拥护与爱戴，政令通行，国力强盛。

　　有一天，商汤外出游猎，看见郊野到处张着罗网，张网的人祝祷说："愿从天上飞的、地下走的、水里游的，都进入我的罗网！"

　　商汤听了，心里很不是滋味，问他："你这样做不是太贪婪、太残酷了吗？"

　　张网的人问他应该怎样做，商汤就让他把四面张开的罗网撤去三面说："想往左边走的就往左边走，想向右边逃的就向右边逃，不知趣的就进我的罗网吧。"

　　张网的人很敬佩他的仁德。此事很快被传开，诸侯听后都很敬佩商汤，说："商汤真是仁德到极点了，就连禽兽都受到了他的恩惠。"于是纷纷依附商部落。

　　商部落的日益强大引起了夏桀的顾忌。夏桀怀疑商汤默默发展商的实力是对他存有二心，想把商汤杀掉，但找不着理由。

　　正好，夏桀手下有个忠臣叫关龙逢，多次劝说夏桀不要荒淫暴戾、一意孤行，否则会失去人心，丢掉江山。夏桀对他的话置若罔闻。耿耿丹心的关龙逢不肯就此作罢，有一次竟然当着众人的面劝谏夏桀。夏桀十分恼火，一怒之下把关龙逢杀了。对此，桀的臣子们谁也不敢表现出对关龙逢的同情，更没人敢为关龙逢行祭。

　　商汤得知消息，不顾夏桀的淫威，立即派人带着祭礼，到京城哭祭关龙逢。夏桀震怒，正好以此为把柄，下令把商汤抓来，关押在了天牢里。

伊尹见大事不好，立即想了个办法，将一些美女和许多珠宝进献给夏桀，说这是商汤在被抓之前就安排好的，只是商汤没来得及进献就被抓了。夏桀听了伊尹的话，以为商国还是甘愿臣服于自己，就把商汤释放了。商汤死里逃生，更增加了对夏桀的愤恨。同时，他在被囚禁期间亲眼看到夏王朝已腐败透顶，便坚定了诛灭夏桀、拯救天下的决心。

商汤在国内对百姓更加爱护，以便在攻夏时得到国人的支持，听从他的号令。与此同时，他采取伊尹的建议，大造舆论，历数夏桀骄奢淫逸、倒行逆施的种种罪行，号召被夏朝统治的部落反叛夏朝，并派人去劝说那些受夏朝控制的小国叛夏归商。

在此以前，商国不仅畜牧业发达，农业也发展起来了，国库中储藏了不少粮食，邻国发生灾难，商汤就主动救济。一些友邻的小国对商国感恩戴德，本来对夏朝早有不满，如今听了商国使者的劝解，便顺从了商国，一个以商国为首的联盟渐渐形成。但也有不听劝告的小国，如早已被民众不满、一意孤行的葛伯国，商汤就举兵伐之，将其灭掉。对夏朝的羽翼如韦、顾、昆吾等实行各个击破，而对其部族中的某些人网开一面，促使他们改邪归正。如此，商汤美名远扬，成为众望所归的领袖，夏桀则逐渐陷于孤立。

商汤和伊尹想伐夏，然而对是否时机已到，心中仍没把握。伊尹便向商汤建议，停止朝贡夏朝，以试探桀的实力。桀见商停止了朝贡，便命令九夷族发兵征讨商。商汤和伊尹见桀还能调动九夷族的兵力，知道时机不到，就马上向桀请罪，恢复进贡，去掉了桀心中的芥蒂，赢得了等待时机的时间。

一年后，九夷族忍受不了桀的残暴统治，便纷纷叛离，从而使桀的力量大为减弱。商汤和伊尹见时机成熟，就由商汤召集部众，出兵伐夏。

战前，商汤举行誓师大会，历数桀的罪恶，说明自己是奉行上天的旨意伐夏的，极大地鼓舞了士气，进兵非常顺利。桀调集军队抵御，双方在鸣条（今河南封丘东）展开大决战。夏军士气低落，人有怨心。两军交战之时，正值大雨狂作，商军英勇奋战，夏军败退不止。

最后，夏桀逃亡，商汤在南巢俘获了他，并把他放逐在此，不久，夏桀病死。商军占领夏都，正式宣告了夏王朝的灭亡，建立了商朝，定都于亳，历史上称"商汤革命"。自此，诸侯全都听命归服于商，推商汤为天子。商汤禅让，诸侯不允。商汤只得登上天子之位，很快平定了天下。

商汤班师回朝后，很快就废除了夏的政令，作《汤诰》号令诸侯。商汤在临政以后，又修改了历法，将夏历的寅月为岁首改为丑月为岁首，又改变了器物服饰的颜色，崇尚白色，在白天举行朝会。同时，他还积极减轻征赋，鼓励生产，安抚民心，使国家逐渐富强起来，老百姓过上了安生的日子，商汤也更受天下人的拥护。此时的商王朝国势强大，众多小国、部族也都纷纷臣服于商王朝，到亳向商汤进贡朝拜。

■故事感悟

夏桀不得人心，失去了天下；商汤施行仁政，人心归顺，得到了天下，于是便有了"失民心者失天下，得民心者得天下"这一成语。

■史海撷英

鸣条之战

商汤在决定讨伐夏桀后，便精选良车70乘，"敢死队"6000人，并联合各方国的军队，采取战略大迂回，绕道到达夏都以西，然后出其不意，突袭夏都。夏桀闻讯后，仓促应战，同商汤的军队在鸣条（今河南洛阳附近）一带展开了决战。

在决战中，商汤的军队奋勇作战，一举击败了夏桀的主力部队，夏桀败退，归依到属国三朡（今山东定陶东一带）。商汤又发扬了速战速决、连续作战的作风，乘胜追击，攻灭了三朡。夏桀穷途末路，只好率少数残部仓皇逃奔南巢（今安徽寿县南），不久就病死了，夏王朝宣告灭亡。

商汤大获全胜后，回师西亳（今河南偃师西），召开了众多诸侯参加的"景亳之命"大会，得到了三千多名诸侯的拥护，取得了天下共主的地位。就这样，在夏王朝的废墟之上，一个新的强盛的统治王朝——商王朝建立起来了。

■文苑拾萃

七律·读史之商汤

佚 名

怜禽诲祝收三罟，伊仲臣贤草白陶。
德顺归心除葛伯，时来决意战鸣条。
注定昏残终鼎鼐，秉虔仁义得渔樵。
幽幽太古声断续，偃师汤冢可萧萧。

周太王行善统治

古公(生卒年不详),姬姓,名亶父,又被尊称为"周太王",陕西省旬邑县(古称"豳")人。据推算古公亶父是轩辕黄帝的第三十五代孙,是周祖后稷的第十二代孙。古公亶父在周人发展史上是一个上承后稷、公刘之伟业,下启文王武王之盛世的关键人物,他是中国上古周族领袖,周文王的祖父。亶父"积德行义,国人皆戴之",而戎、狄等游牧部落却常侵逼。

古公亶父就是周太王,他是古代周族的首领。传说中,他是周族祖先后稷的第十二代孙,周文王的祖父,是周族历史上一位杰出的领袖。他设官立制,革除戎狄风俗,加快了周族的社会进步。

古公亶父领导周族时,周族早已初具国家的规模,而且发展很快。到古公亶父九世祖公刘时,周人尽力耕垦,人口大幅度增加,周的统治中心也从邰移到了豳(今陕西旬邑西南)。公刘之后经九传至古公亶父。古公亶父在前人业绩的基础上,"复修后稷、公刘之业,积德行义,国人皆戴之"。

当时,戎狄为获取财物,常常侵扰周族。古公亶父为了以德取胜,就把财物送给戎狄。但戎狄仍不甘心，继续攻扰周人，欲得周人的土地与人民。周人大怒，打算同戎狄作战。

古公亶父不赞同，说："有民立君，将以利之。今戎狄所为攻战，以吾地与民。民之在我，与其在彼，何异。民俗以我故战，杀人父子而君之，予不忍为。"

古公亶父对戎狄粗野征战夺地掠民的行为不以为然，他认为，只要施德于民，不患地狭人寡，终将成大业。

于是，古公亶父就把豳地让给戎狄，带着私属离开豳地，"度漆、沮，踰梁山，止于岐下"，迁徙到了岐山之下（今陕西岐山东北）。最后，"豳人举国扶老携弱，尽复归古公于岐下。其他旁国闻古公仁，亦多归之。于是古公乃贬戎狄之俗，而营筑城郭室屋，而邑别居之"。

古公领周人于岐山下周原沃土之地，安居田耕，发展生产，摒弃游离征战之戎狄之俗，使周族进入了新的文明时代。古公亶父又"作五官有司"，即设置司徒、司马、司空、司士、司寇五官，分领其职，各负其责，将周族治理得井井有条，"民皆歌乐之，颂其德"。《诗经》上说："后稷之孙，实为大王，居岐之阳，实始翦商。"说明古公亶父的改革奠定了周灭商宏伟事业的基础，推动了周人社会的进步。古公也由此被周人尊为太王。

古公之后，周族日渐强大，古公子季历时，开始对戎狄用兵，到古公曾孙周武王时，终于灭掉殷商，建立了地域空前广阔的奴隶主政权——西周。

□故事感悟

古公亶父以仁善而著称，为不忍杀害戎狄，受到侵略时宁愿选择逃跑。但他逃跑得并不狼狈，反而十分从容。古公是柔中含刚，胸怀百姓，体现了典型的中庸以及仁的精髓。

█史海撷英

古公以岐山为都

随着周族族群的日益壮大，古公认为，周族要想稳定、健康地发展下去，就必须要以岐山为政治中心。于是，他便策划营建大规模的城郭室屋，"三月成城郭，三年成都"；同时他还建立了中央机构，设立了司徒、司马、司空、司士、司寇等官，使之各司其职；他整顿部落组织，改革戎狄原始陋俗，实行助耕制，立国号为"周"。周国自此开始。

█文苑拾萃

凤鸣岐山的传说

相传在周武王灭掉商朝后，历史上曾经发生了一个凤鸣岐山的故事。《竹书纪年》中记载，"周文王之年有凤集于岐山"；《国语》中记载，"周之兴也，凤凰鸣于岐山"，因"名此山为凤凰堆"；《诗经·大雅·卷阿》中记述，"周成王出游，召康公从，并陈《卷阿》诗篇，其中就有'凤凰于飞，岁羽，岁羽，其羽'凤凰鸣矣，于彼高岗"。

今陕西省岐山县周公庙北边的凤凰山之名就是来源于凤鸣岗，又称凤鸣堆，是一座高大突起的山岗。在凤凰堆旁，还有一个凤凰巢，人称"丹穴凤迹"。

凤鸟兴周与周王兴周是天时、地利、人和的三统一，这里山青泉胜，林茂粮丰，自然会有凤鸟集群而来，这是天时；肮肮周原，堇荼如饴，这是地利；最重要的人和，就是因为周室中有一个敬天保民、重农尊贤的优良传统美德。凤鸣岐山的传说也给周文化的流传赋予了传奇的浪漫色彩。

周文王施仁兴国

周文王（公元前1152—前1056），即殷商西伯（意即西方诸侯之长），周季历（周朝建立后，尊为王季）之子，姬姓，名昌。"姬昌"一说在东汉时期成型，后世因之，遂称文王为姬昌。姬昌为武王灭商奠定了基础。据传《周易》为姬昌所作。

周文王统治时期，遵循先祖的遗训："人饥己饥"，因此在岐山下教民耕种，积善施仁，教化大行，风调雨顺，国泰民安。

《孟子·梁惠王》中说，周文王行仁政先从经界（划分田地）开始。农民助耕公田，纳九分之一的租税，八家各分得私田百亩。大小官都有分地，子孙继承，作为公禄。商贾往来，关市不收税，水泽里捕鱼不禁止，一人犯罪，妻子不连坐。

《诗经》中《大雅·灵台篇》说，周文王要筑高台，庶民就像儿子替父亲做事那样踊跃，因此高台很快就筑成了（"庶民攻之，不日成之。经始勿亟，庶民子来"）。

盘庚迁殷，原想纠正贵族的堕落腐化，可是武丁以后他们的腐化现象更加严重，到纣统治时期更是达到了新的高度。纣淫乱好色，沉迷于打猎游玩，在他的影响下，到处荒废耕地，让麋鹿禽鸟生长。与此同时，纣对人民还施行残酷的刑罚，榨取财物。照周公《酒诰篇》所述，纣日夜酗酒，商的整个统治阶级都沉溺在酒里，腥秽上冲，连天都发怒了。商统治者提倡畏敬鬼神，但他们甚至偷祭神的牲畜来享受。《微子篇》说"小民方兴，相为敌仇"，奴隶和下层百姓起来反抗贵族，方兴未艾，商王国到了即将崩溃的边缘。

周文王施行的政治措施与商朝的政治措施是相应的。《康诰篇》上说："唯文王之敬忌，乃裕民。"他禁止饮酒打猎，征收租税有节制，让农家有些蓄积，有劳动的兴趣。《尚书·无逸篇》载，周公训诫成王说，文王勤俭，穿着普通人的衣服到田地上劳作，借以知道农夫的辛苦（"文王卑服，即康功田功"）。文王还亲自种田，与"不知稼穑之艰难"的商王恰好成显著的对照。

周文王又针对殷纣招诱奴隶被其他小国怨恨的情况，定出一条"有亡（奴隶逃亡）荒（大）阅（搜索）"（《左传》昭公七年）的法律。即，谁的奴隶归谁所有，不许藏匿。据春秋时楚国申无宇说，这也是周文王得天下的重要原因之一。

能体现周文王"仁"的方向，还有文王善待"顽民"。顽民原来是大小奴隶主，现在当了俘虏，丧失过去的威福，顽固地反抗周的统治。周文王知道留顽民在商地将继续反叛，必须迁居洛阳，才能就近管束。于是，他先宣称迁顽民到黎水（河南浚县东北），黎水地近朝歌，顽民们很满意。周文王卜问鬼神，得卦不吉利，于是改卜别地，说洛阳最好。商人信鬼，这样就把顽民迁到洛阳。

周文王还召集商的旧属国，替顽民筑城造屋。新城很快就建成了，号称成周。同时，他也召集周属国，在成周西三十余里筑城，称为王城。并派八师兵力（一师2500人）驻成周，监视顽民。

在《尚书·多士篇》中，文王曾告诫顽民说：你们受天罚，本当杀死，我保留你们的生命，应该感恩，做我的顺民。现在分配住屋田地给你们，安心谋生，如果再反抗，那是你们自己不要生命。又劝诱顽民道：你们只要安居乐业，你们的子孙会兴盛起来的。顽民处在这样的环境里也只好逐渐软化降服了。

■故事感悟

文王身为君王，却能够体恤百姓，心怀仁德，这是非常可贵的。这也就是周王朝能够建立并且兴盛起来的关键因素，这才是真正的仁人之道。

■史海撷英

《周易》

《周易》是一部古老而又灿烂的文化瑰宝，古人主要用它来预测未来，决策国家大事，反映当前的现象。《周易》能上测天，下测地，中测人事。

然而，《周易》只是古人在未掌握科学方法之前所依托的一种手段，并不是真正的科学。虽然《周易》中的有些理解与科学相符，那也是因为这个理解正好有科学合理性，但不能因此就说它是科学的，只能当做是一种文化。

《周易》运用了八卦预测信息的方法，是我国人民具有唯物主义世界观的真实写照。我国人民在实践中认识社会、改造社会，推动社会不断地向前发展。可以说，易卦及《周易》都是一个储存量很大的信息库。

■文苑拾萃

《文王》（节选）

（先秦）诗经

文王在上，于昭于天。
周虽旧邦，其命维新。
有周不显，帝命不时。
文王陟降，在帝左右。

孔子仁慈天下

孔子（公元前551—前479），名丘，字仲尼，春秋时期鲁国人。孔子是我国古代伟大的思想家和教育家，是儒家学派创始人、世界著名的文化名人之一，他编撰了我国第一部编年体史书《春秋》。据有关记载，孔子出生于鲁国陬邑昌平乡（今山东省曲阜市东南的南辛镇鲁源村）。孔子逝世时，享年73岁，葬于曲阜城北泗水之上，即今日孔林所在地。孔子的言行思想主要载于语录体散文集《论语》及《史记·孔子世家》中。

孔子在日常生活中十分注意自己的举止仪表，在待人接物方面更是时时处处做到有礼有节，言行适度，举动文雅。

例如，孔子与别人一起饮酒，喝完酒以后总是让年长的先走，然后自己才退出来；孔子本来好唱歌，但是遇到别人家办丧事的时候，这一天他就不再唱歌了；在死了亲属的人旁边吃饭，他不曾吃饱过。

孔子既注重礼貌，又很强调内心的真情实感。一天，有位盲人乐师来见孔子，孔子赶紧迎上去。乐师走到台阶边的时候，孔子就告诉他："这是台阶。"

当走到席子边的时候，孔子就告诉他："这是席子。"

等乐师坐下以后，孔子又向他一一介绍屋子里的人。

送走乐师以后，学生子张问道："这样不是太麻烦了吗？"

孔子回答说："接待盲人就应该这样。"

有一次马棚失火，孔子赶紧问："伤着人了吗？"并不问有没有伤到马。

孔子的一个学生因事被抓，进了监狱，孔子并没有嫌弃他，认为虽然他进了监狱，但并不是他的罪过，还是把自己的女儿嫁给了他。

孔子也很爱动物。据说孔子养的一只狗死了，便叫子贡把它埋起来。他对子贡说："我听说破帐子别扔，好埋马；破车盖别扔，好埋狗。我连车盖也没有，你拿我的破席子把狗盖上吧，别叫它脑袋露着啊！"

孔子很喜欢结交朋友。对于朋友之情他很珍惜，既使与自己作风不同的人也不轻易绝交。他和原壤的交往就是如此。原壤是鲁国人，孔子早年的朋友，为人狂放，不拘礼节，思想作风和孔子很不同。可是孔子和他相处得很好，直到老年仍保持着密切交往。

■故事感悟

孔子是一位举世闻名的哲人和智者，也是一位充满悲天悯人情怀的仁义之士。他大力倡导"仁"，体现在对他人的关心和爱护上。他身体力行，一生仁民爱物，为后世树立了光辉典范。

■史海撷英

孔子有教无类

孔子以前曾"学在官府"，这里只有贵族的子弟有权受到教育，因而也只有贵族子弟才有当官的资格。到了孔子生活的时代，社会的政治经济和文化教育都在下移，这便为私人办学提供了条件。

孔子正是抓住了这样的机会，开始创办私学，希望能通过兴办教育来培养贤才和官吏，以实现自己的政治抱负。

在教育对象问题上，孔子明确地提出了"有教无类"的思想，认为无论贵族与平民，无论国界与华夷，只要有心向学，都可以入学受教育。因此，孔子的3000弟子有来自贵族阶层的，如南宫敬叔、司马牛、孟懿子，也有很多的是来自平民家庭，如颜回、曾参、闵子骞、仲弓、子路、子张、子夏、公冶长、子贡等。从国籍来看，他的学生来自鲁、齐、晋、宋、陈、蔡、秦、楚等不同的国度，这不仅打破了当时的国界，也打破了当时的夷夏之分。

孔子接收了被中原人视为"蛮夷之邦"的楚国人公孙龙和秦商入学，还欲居"九夷"施教，也充分地体现了孔子的教育主张。

■文苑拾萃

论语·子路曾皙冉有公西华侍坐

子路、曾皙、冉有、公西华侍坐。子曰："以吾一日长乎尔，毋吾以也。居则曰：'不吾知也！'如或知尔，则何以哉？"

子路率尔而对曰："千乘之国，摄乎大国之间，加之以师旅，因之以饥馑。由也为之，比及三年，可使有勇，且知方也。"

夫子哂之。

"求，尔何如？"

对曰："方六七十，如五六十，求也为之，比及三年，可使足民。如其礼乐，以俟君子。"

"赤，尔何如？"

对曰："非曰能之，愿学焉。宗庙之事，如会同，端章甫，愿为小相焉。"

"点，尔何如？"

鼓瑟希，铿尔，舍瑟而作，对曰："异乎三子者之撰。"

子曰："何伤乎？亦各言其志也。"

曰："莫春者，春服既成，冠者五六人，童子六七人，浴乎沂，风乎舞雩，咏而归。"

夫子喟然叹曰："吾与点也。"

三子者出，曾皙后。曾皙曰："夫三子者之言何如？"

子曰："亦各言其志也已矣！"

曰："夫子何哂由也？"

曰："为国以礼，其言不让，是故哂之。唯求则非邦也与？安见方六七十，如五六十而非邦也者？唯赤则非邦也与？宗庙会同，非诸侯而何？赤也为之小，孰能为之大？"

魏颗违父遗训嫁庶母

魏颗（生卒年不详），姬姓，令狐氏，名颗，因令狐氏出于魏氏，故又称魏颗，史称令狐文子。魏颗为人明礼敦厚，任晋国将军之职。

据《左传》中记载，在春秋时期，晋国大夫魏武子有位爱妾名叫祖姬，祖姬无子。魏武子每次出征时都会嘱咐儿子魏颗说："我如果战死了，你一定要选良配把她嫁出去。"

后来，魏武子病重，又对魏颗说："我死之后，一定要让她为我殉葬，让我在九泉之下有伴。"

然而魏武子死后，魏颗却没有把祖姬杀死与父亲陪葬，而是把她嫁给了别人。他的弟弟责问魏颗为何不遵父亲临终之愿，魏颗说："人在病重的时候神智是昏乱不清的，我把祖姬嫁出去是依据父亲神智清醒时的吩咐。"

公元前594年的秋七月，秦桓公出兵伐晋，晋军和秦兵在晋地辅氏（今陕西大荔县）交战，魏颗与秦将杜回相遇。杜回不用车马，率领惯战者数百人"下砍马足，上劈甲将"，神勇无敌，魏颗抵挡不住，决定以计取之。

后来，魏颗在青草坡设伏，将杜回诱至此地，两员大将又展开大战。正在难分难解之际，杜回忽然一步一跌，一身武艺施展不开，最后摔倒在地，当场被魏颗所俘，魏颗遂大败秦师。

原来，战前有一位老人"将青草一路挽结，以攀杜回之足"。魏颗后来才知道，这位老人就是祖姬的父亲。他是为了报答魏颗对女儿的不杀之恩，才冒着危险上战场，结果帮了魏颗的大忙。

■故事感悟

魏颗没有遵从父命将祖姬殉葬，使后来祖姬的父亲报恩救了他一命。仁人向善的胸怀令他好心有好报，他高尚的仁德也令人钦佩。

■史海撷英

三家分晋

春秋末年，晋国韩、赵、魏三家大夫的权势越来越大，晋国最终被这三家大夫瓜分，史称三家分晋。

公元前403年，周威烈王封魏斯、赵籍、韩虔三家为诸侯，司马光的编年体史书《资治通鉴》的记载就是从这一事件开始。公元前376年，韩、赵、魏三家废掉晋静公，将晋公室的剩余土地全部瓜分，因此韩、赵、魏三国又被合称为"三晋"。

三家分晋是中国历史上具有划时代意义的重大事件，史家都将此事件作为春秋与战国的分界。这也是中国奴隶社会瓦解、封建社会确定的标志。

■文苑拾萃

《左传》

《左传》原名为《左氏春秋》，汉代时期改称为《春秋左氏传》，简称《左传》。

古时候，相传该书为春秋末年的左丘明为解释孔子的《春秋》而作，其实《左传》是一部独立撰写的史书。它记事的内容起自鲁隐公元年（公元前722年），迄于鲁悼公十四年（公元前453年），以《春秋》为本，通过记述春秋时期的具体史实来说明《春秋》的纲目。《左传》是一部儒家的重要经典。

《左传》与《春秋公羊传》《春秋穀梁传》合称为"春秋三传"。

楚惠王仁心待厨师

楚惠王（？—前432），《墨子·贵义》以及出土楚国文献上又作献惠王。楚惠王原名熊章，是春秋晚期、战国初期的楚国君主，在位57年。楚惠王即位后，接受郢亡的沉痛教训，重用子西、子期、子闾等人，改革政治，与民休养生息，发展生产，使楚国得以迅速复苏，重新走上了强国之路。

春秋末期的一天，天气晴朗，风和日丽，楚惠王和一些文武大臣正在后宫花园里游玩，楚惠王的心情非常愉快。突然，他想要吃酱肉，因为他很久没有吃这道菜了，而且他的厨师特别擅长做这道菜。于是，他叫人吩咐厨师马上去做，还特别请身边的大臣留下来一起品尝。

酱肉做好了，侍从小心翼翼地把一盘酱肉摆在楚惠王面前的桌子上，楚惠王拿起筷子夹起一块放进嘴里，一边品味还一边点头称赞。当他挟起第二块时，却迟疑了一下，原来楚惠王发现在这块酱肉上有一条小虫子在慢慢地爬着。可是，楚惠王还是把这块酱肉塞进嘴里，吞了下去。不久，楚惠王就用手捂着肚子，叫起痛来了。

身边的令尹（官名）急忙问："大王怎么会突然肚子痛呢？"楚惠王

就把刚才的事告诉了令尹。

"哎呀！"令尹不禁失声叫了起来，"那大王您为什么还要吃下去呢？"

楚惠王说："我想，这件事如果说出来，就得处死厨师。我实在不忍心这么做，所以趁大家不注意，我干脆把虫子吞了下去。"

令尹听了这番话感动地说："大王真是一位有仁心的君王，爱民如子。大王有如此善行，老天一定会降恩惠与您的！"令尹扶着楚惠王回宫，并且吩咐侍从要好好服侍。

■故事感悟

封建王朝的宫廷规矩十分严酷，无论什么原因违犯了，都要受到惩罚，尤其是王侯的侍从，不得出一点差错。楚惠王深知这一点，为了保护辛勤为他服务的厨师，他不惜吞咽一条虫子，可见他的仁爱之心。

■史海撷英

子西复楚国

子西是春秋末期楚国的贵族，芈姓，熊氏，名申。楚平王的庶长子，楚昭王的兄长。

公元前516年，楚平王卒后，令尹子常想要立子西为楚王，但他坚决不同意，而拥立年幼的太子珍为楚君，是为楚昭王。

楚昭王四年（公元前512年），吴国公子掩余、烛庸逃亡到楚国。楚昭王封给他们大量的土地，并安排他们住在养（今河南沈丘东南），还为他们修建了城池，使其与吴王阖闾为敌。而子西认为，经历过楚灵王、楚平王两代的挥霍，此时的楚国民生紧迫，故而不宜与吴国为敌，但昭王不听。

果然，吴国加强了对楚国的攻势，频繁袭击楚国。楚昭王十年，吴军破楚国郢都（今湖北江陵纪南城），楚昭王被迫外逃。子西留在郢都附近建立新都，仿制了昭王的车子和服饰，收集溃散的楚国军政人员，以示楚国尚在。后来得知楚昭王在随（今湖北随州市），便赶至随跟从昭王。

　　次年，秦哀公入援楚国，子西便率领楚军配合秦军战于汉东，先后在军祥（今随州市西南）、公壻之溪（约在今湖北襄樊市东）击败吴军。郢都收复后，子西被任命为令尹，掌管着楚国军政大权。

　　楚昭王二十七年（公元前489年），吴国讨伐陈国（今河南淮阳）。昭王准备救陈，占卜不吉，决心死战，并指定子西为继承人，但他再次坚辞不受。昭王死后，子西又拥立昭王之子熊章为楚君，是为楚惠王。

□ 文苑拾萃

春秋战国门·楚惠王

（唐）周昙

芹中遇蛭强为吞，不欲缘微有害人。
何事免成心腹疾，皇天惟德是相亲。

陈寔善待入室窃贼

陈寔(104—187),字仲躬,东汉颍川许昌(今河南许昌市)人。陈寔少为县吏,有志好学,诵读不辍。县令邓邵见其谈吐不凡,送他到太学读书,学成后任颍川郡西门亭长,后又出任太丘长。陈寔为官清正廉洁,使百姓安居乐业,邻县百姓多向其辖境迁居。后来,因为陈寔不满沛国相恣意加重赋税、搜刮百姓,辞官返乡。在东汉"党锢之祸"中,陈寔受到牵连,后遇赦出狱。"党锢"解禁后,朝廷虽多次征召,但他都辞而不就。后病逝乡里,享年84岁,来吊丧者数千人。谥文范先生。

有一个成语叫"梁上君子",指那些进别人家偷东西的人。一般的人抓住这种"君子"总是要把他扭送到官府处置,可是,有一个人却不是这样做的,他就是东汉末年的一位大臣,叫陈寔。

一天晚上,陈寔下朝回到家中。他低着头,在大厅里踱来踱去。窗外,一轮明月高悬,屋梁的影子斜斜地投在地上。

不久,陈寔看到地面上的屋梁影子里分明显出一个人形来,他知道屋里有小偷,正躲在梁上。陈寔不动声色,装作什么也没有看见,仍然在大厅里踱来踱去。

过了一会儿，他把自己的儿子、孙子都召集在大厅里，十分严肃地教训他们："我们做人，一时半刻也不能放松对自己的要求，否则就会犯错。那些做坏事的人，他们的本性并不坏，只是养成了好吃懒做的坏习惯，所以才出来做坏事。至于那些躲在人家屋梁上企图盗窃的人，总是抱着不会被人发现的侥幸心理，如果长期发展下去，他就会变成杀人放火的强盗。"

这一番话，梁上的小偷一字一句都听得清清楚楚，他深受感动，就跳下了屋梁，准备向陈寔谢罪。家里的人都吓了一跳，待到明白发生了什么事后，他们一起冲上前要抓住他，陈寔连忙阻止住了他们。那小偷衣着破烂，跪在陈寔面前，磕头谢罪，请求陈寔宽恕。

陈寔扶起那人，亲切地说："我看你的样子不像坏人，一定是由于生活贫困才被迫如此。但是，偷盗总不是好事，以后千万不要干了。"说完，他又叫人送了两匹绢给小偷，让他以此作为本钱，做做小生意。那人千恩万谢地离去了。

■故事感悟

陈寔发现家中的小偷后，并没有捉住他惩罚了事，而是对小偷讲明做人的道理，最后还赠送财物与他，这充分表明了陈寔的仁义之心。这个故事也告诉我们，最高贵的惩罚是宽容，是让人知过就改，走上正路。

■史海撷英

东汉太学生运动

东汉后期，士大夫中形成了以品评人物为基本形式的政治批评风气，当时称为"清议"。而清议的中心就是太学。当时郡国学的诸生也与太学清议相互呼应，从而形成了更为广泛的舆论力量。

在太学生中，虽然有相当一部分人出身于官僚富户阶层，与官僚士大夫之间有着比较密切的关系，但他们年少英锐，思想较为新潮，言行也较为勇敢，又尚未跻身于官场，与民间有着较多的接触，对于弊政的危害也有着最直接的感受。他们以特殊的视角观察到了社会矛盾的激化，因此对汉王朝面临的严重危机有比较清醒的认识。太学生站在社会上下阶层之间的特殊立场上，也使他们代表的舆论倾向更具有某种公正性。

后来，太学生与正直的官员都遭到了宦官势力的严重迫害，被列为"党人"。即便是没有被折磨死的人士，也都被禁锢终身，不得入仕，史称"党锢之祸"。

■文苑拾萃

永叔赠绢二十匹

（宋）梅尧臣

凤皇拔羽覆鹪鹩，鹪鹩幸脱僵蒿蓬。
昔公处贫我同困，我无金玉可助公。
公今既贵我尚窘，公有缣帛周我穷。
古来朋侪义亦少，子贡不顾颜渊空。
复闻韩孟最相善，身仆道路哀妻僮。
生前曾未获一饱，徒说吟响如秋虫。
自惊此赠已过足，外可毕嫁内御冬。
况无杜甫海图坼，天吴且免在褐躬。
瘦儿两胫不赤冻，病妇十指休补缝。
厨中馁婢喜有望，服鲜弃垢必所蒙。
梁上君子切莫下，吾非陈寔何尔容。

刘备宅心仁厚

刘备（161—223），字玄德，涿郡涿县（今河北涿州）人，汉中山靖王刘胜的后代，三国时期蜀汉开国皇帝。东汉灵帝末年，刘备因起兵讨伐黄巾军有功而登上政治舞台。赤壁之战后，刘备得到荆州五郡，后又夺取益州。夺取汉中击退曹操后，刘备于建安二十四年（219年）七月自立为汉中王，遂于成都即皇帝位，年号章武。次年伐东吴兵败，损失惨重，退回白帝城。蜀汉章武三年（223年）因病崩逝，享年63岁，谥号昭烈帝。

刘备在平原县当县令时，有一个人与他有些恩怨，便派刺客去刺杀他。刘备并不知情，仍然善待刺客。刺客被刘备的仁厚所感化，不忍杀之，便将实情告诉了他。对于此事，《三国志》的作者陈寿感慨地说："其得人心如此。"

还有一次，张飞因喝酒误了大事，丢掉了徐州，且让刘备的妻小也都身陷城内。当张飞拔剑要自刎时，刘备向前抱住他，并夺剑掷地曰："吾三人桃园结义，不求同生，但愿同死。今虽失了城池家小，安忍教兄弟中道而亡？况城池本非吾有；家眷虽被陷，尚可设计救之。贤弟一时之误，何至遽欲捐生耶！"说罢大哭起来，关张俱皆感泣。

长期流离失所，好不容易有一个根据地，被张飞轻易丢失了，但刘备自始至终都没有说过一句指责的话。

在刘备刚刚见到马超的时候，就任命他为平西将军，并封为都亭侯。马超见刘备待自己如此优厚，便渐渐疏忽了礼节，与刘备讲话时也经常直呼其名讳。刘备自己并不在意，可是关羽很生气，便请求杀了马超，刘备不答应，张飞说："可以用礼节来开导他。"

第二天，刘备会见诸将，关羽、张飞同时拿着刀剑站在刘备身后。马超进来只顾入座，却没有看见关羽和张飞的座位，抬头见他们两人侍立在刘备身后，大吃一惊。此后，马超再也不敢对刘备不敬了。

还有一次，刘备酒后与庞统发生争执，便带着怒气对庞统说："汝言不合道理，可速退！"半夜酒醒后，刘备记起了自己的失言。次日早上，刘备赶紧向庞统谢罪曰："昨日之言，惟吾有失。"庞统曰："君臣俱失，何独主公。"刘备闻言大笑，与庞统和乐如初。

关于刘备和徐庶之间的仁义事迹，更是千古流传的佳话。徐庶对马颇有研究，曾告诉刘备说："你的马会妨害主人，赶紧将它送给仇人。"

刘备听了，很生气地说："你不教我正道也罢！怎么反倒教我利己害人呢？"

其实徐庶是想试探刘备的为人，而刘备的宅心仁厚令他十分感动，从而决定全力辅佐他成就大业。

但是后来，徐庶的老母亲被曹操骗去许都，曹操便以此要挟徐庶去辅佐他。因徐庶对刘备军队的虚实一清二楚，有人建议刘备不要放徐庶去许都，否则就危险了。而且还说，如果徐庶不去许都，曹操生气就会杀掉徐母，如此一来，徐庶就会死心塌地跟随他了。可是刘备却说："不可。使人杀其母，而吾用其子，不仁也；留之不使去，以绝其子母之道，不义也。吾宁死，不为不仁不义之事。"

在徐庶得知大量军事机密的情况下，刘备毫不犹豫地放他前往曹营探母，此等胸襟，不是一般人能做到的，因此才有"徐庶进曹营一言不发"及"回马荐诸葛"的故事传颂。刘备舍了徐庶，却得到了诸葛亮，其仁德至深，确能感动天地。

关羽千里走单骑，也是刘备仁德所致，曹操对关羽的厚恩都不能使他背叛刘备；对待陌生人，像上文提到的刺客，刘备也相当宽厚，终能感化刺客；徐庶试探他要把妨害主人的马送给仇人，以便将仇人害死，他都不做；对于老百姓，他也能做到爱民如子，不避危险携民渡江就是证明。

□故事感悟

综观刘备一生的霸业，可以说是以"仁德"二字建立起来的。刘备的所作所为也都充分表现了"仁德"的涵养，以致许多人受其感化，留下种种忠肝义胆的事迹，从而使三国时代许多义薄云天的故事传颂千古。

□史海撷英

刘备借荆州

208年赤壁大战之后，孙刘两国便结盟乘胜进军曹操。经年余激战，最终夺取了荆州城。

由于荆州历来是兵家必争的重镇，所以东吴主帅周瑜便亲任南郡太守，坐镇荆州，而刘备却只能率本部兵马在江南的油江口立营。刘备曾被汉献帝封为左将军，号左公，因此刘备驻扎油江口后，便将油江口改为公安，取"左公安靖，日后强雄"之意。

刘备所居的公安，地小物薄，不利于发展，于是他两次向孙权提出借荆州。孙权采纳了周瑜的建议，不仅不借荆州，反而利用吴蜀联姻的方式来软禁刘备，使五十多岁的刘备作了东吴的娇客。

210年，周瑜病故，鲁肃继任。鲁肃从吴蜀联盟以抗曹操的战略方针考虑，劝说孙权暂时将荆州借给刘备。刘备借得荆州后，便将荆州作为自己的立足点，北抗曹操，西取益州，最终建立了蜀汉政权。

■文苑拾萃

杂咏一百首·刘备

（宋）刘克庄

华容芦荻里，一炬可无遗。
叹息刘玄德，平生见事迟。

朱冲送牛带草

朱冲（生卒年不详），字巨容，西晋南安郡人（今陇西三台）。朱冲年轻时就注重修养德行，虽家境贫困，但闲静寡欲，好钻研经典，一直过着半耕半读的日子。成宁四年（278年），晋武帝下诏征举贤良，地方官府把他推荐上去，朝廷拟任他为国子博士，他称疾不赴。每次听到征书下达，他便逃入深山。当时的人认为他属于梁鸿、管宁一流的人物。

晋朝有位心地善良、待人宽厚的人，名叫朱冲。他时时处处替他人着想，从来不把别人的过失放在心上。这种宽仁忍让的美德，朱冲小时候就已经养成了。

朱冲出生于南安一个比较贫穷的家庭，家里没有足够的钱供他念书，朱冲只好在家种地放牛。有一天，他正在野外放牛，忽然邻居家的一头牛从他身边跑了过去。邻居慌慌张张地东瞧瞧、西看看，到朱冲跟前，不由分说，牵了朱冲的一头小牛转身就走了。

和朱冲一起放牛的牧童十分惊讶，半天才回过神来，连忙扯着朱冲的袖子说："快去把牛追回来呀！那是你家的牛，这人怎么连招呼都不打就牵走了。快去追呀！"

谁知朱冲既不生气，也不去追，只是淡淡地回答说："这里边一定有什么原因。"

过了一会儿，那位把朱冲的牛牵走的邻居又满头大汗地赶着牛跑了回来，他连声道歉："真对不起！真对不起！原来我的牛跑到树林子里了。我真糊涂，牵走了你家的牛。真对不起，现在我把牛给你送回来了。"

朱冲听明原因，笑了笑，没有丝毫责怪的意思。他想起这个邻居家里十分困难，就又把牵牛的绳子塞回邻居手里："没什么。你家很困难，这头小牛就送给你了。"邻居感动得不知说什么好。

村里还有一家人，平时好占小便宜，三番五次地把牛放到朱冲的地里，让牛随意啃吃庄稼。朱冲看到后，也不在乎。别人劝他去找那家人理论，朱冲笑笑说："人家也许有难处，这就算我帮助他吧。"

于是，朱冲每天下地收工回来，途中总要多打几捆草，连同那啃吃庄稼的牛一起送回主人家中。朱冲把草和牛送到人家门口，还诚恳地对主人说："你们家人少地多，顾不上照看牲口，我家草多，给你拿些来喂牛吧！喂完了，我还可以再给你家多送些来。"

那家人一听，又羞愧又感激地对朱冲说："你的心真是太好了！你放心，以后我们再也不让牲口去糟踏你的庄稼了！"

■故事感悟

朱冲的生活虽然也不宽裕，但他处处为他人着想，以助人为乐的胸怀和宽以待人的情操来帮助劝导别人，他的仁德非常人可比，所以也赢得了众人的爱戴。

朱冲仁德感化乡民

朱冲生活的地方，汉族人与夷人混居，有很浓厚的尚武风气，多寇盗。朱冲大力倡导礼让并以身作则，使当地的社会风气发生了很大变化，路不拾遗，村里没有行凶的恶人，附近的羌人对他像对君王一样尊敬。

萧统体恤民情

萧统（501—531），字德施，小字维摩，南朝梁代文学家，南兰陵（今江苏常州）人，梁武帝萧衍长子、太子，母亲为萧衍的贵嫔丁令光，又称丁贵嫔，谥号"昭明"，故后世又称"昭明太子"，主持编撰《文选》后又称《昭明文选》。

南朝梁武帝普通年间，大军北上伐魏，京都米贵。

为此，太子萧统命令节衣缩食。每当久雨不停和久雪不止时，他都派遣心腹和周围人员走遍街巷，发现贫困人家和流离失散于道路的人，就把米秘密地赈赐给他们。又拿出宫中存放的布匹绢帛，每年常常请人做成衣裤各3000件，冬季时把它们施舍给无衣御寒的人，却不让人知道他是施主。如果死了人没有棺材装殓的人家，他就给备办棺木。每当听到远近百姓因赋役繁重劳苦难忍时，他就觉得难过，脸上显出严肃的神情。在宫中碰见手执荆棍的巡逻者，问他们为什么拿荆棍，巡逻者回答说用来驱人清道。太子恐怕荆棍打人过痛，就让巡逻者用木板代替。

太子萧统在用餐时，经常在饭食中发现苍蝇、虫子之类的不洁之物，总是不声不响地拣出来，放在盘子边上，怕厨师因此获罪，从来不让别人知道。

太子萧统又看见后侧门有小孩儿博戏，后来朝廷制定了惩治赌博的法令，规定士人聚众赌博的流放，一般老百姓聚众赌博的判处徒刑。太子说："用自己的钱博戏，不侵犯公家财物，这个法律条文定得刑罚太重。"令改法令，老百姓赌博只判三年徒刑，士人赌博免官。法令上规定处死的降为无期徒刑。

■故事感悟

萧统体恤民情，扶危济困，处事公允，宽大为怀，处处体现出他的仁德之心！虽然他身居高位，却处处关心老百姓的疾苦，一有天灾人祸，他首先想到的是穷苦百姓，这在封建社会里是十分可贵的。

■史海撷英

萧统的孝道

萧统少年时期便很有才气，而且深通礼仪，性情纯孝仁厚，喜愠不形于色。

16岁时，母亲病重，萧统就从东宫搬到永福省母亲的住处，朝夕侍奉母亲，衣不解带。母亲去世后，萧统悲切欲绝，整日不吃不喝。父亲几次下旨劝逼他，他才勉强进食，但仍然只肯吃水果、蔬食。萧统本来身体健壮，可是等到为母亲守丧出服后却已变得赢瘦不堪，官民们看了，无不感动得落泪。

饮马长城窟行

（南北朝）萧统

亭亭山上柏，悠悠远行客。
行客行路遥，故乡日迢迢。
迢迢不可见，长望涕如霰。
如霰独留连，长路邈绵绵。
胡马爱北风，越燕见日喜。
蕴此望乡情，沈忧不能止。
有朋西南来，投我用木李。
并有一札书，行止风云起。
扣封披书札，书札竟何有。
前言节所爱，后言别离久。

任迪简喝醋保侍从

任迪简（生卒年不详），唐朝进士，京兆万年（今陕西西安）人。起初任迪简在天德军使李景略处任判官，他为人宽厚仁恕，颇受官兵拥戴。李景略去世后，任迪简被军士推举为帅，迁至易定节度使，后在入朝拜太子宾客时去世。任迪简与人为善的美德受到后人崇敬，《唐书》中把他列为良吏，有传。

唐朝时期，任迪简在节度使李景略的手下任判官。有一次，任迪简应邀到李景略的府上赴宴，因遇到急事耽误了时间，等他匆匆赶到时，大家已是酒过三巡了。

这时，已有醉意的李景略便不高兴地说："怎么这么晚才到？罚酒三杯。快，给他斟酒！"

站在一旁的侍从急忙从桌上提起一个瓷罐给任迪简斟酒。任迪简站起来，端起酒杯说："多谢大人赐酒，卑职喝！"说完，便准备一饮而尽。

可是，当任迪简把酒杯送到唇边时，闻到的不是酒香，而是一股扑鼻的酸气。他觉得不对劲，便斜眼看了看侍从手中提着的瓷罐，那上面写的却是"白醋"二字。原来，粗心的侍从把醋罐当成了酒罐。

这下可难坏了任迪简。因为他生平最讨厌酸醋，不要说喝了，就是闻着那酸味都要难受反胃，可是现在竟要连饮三大杯，这怎么受得了呢？

但是如果不喝，让侍从换罐重斟，那侍从可就要遭殃了。因为李景略是个极其严厉的人，他曾经当众杀过办错事的仆人，如果让他看破此事，后果真是不堪设想。

性格仁厚的任迪简绝对不让他人遭难，宁愿自己受苦。想到这里，他举起那一大杯酸醋，一饮而尽。在人们大呼"豪爽"的喝彩声中，他又硬着头皮连干了两大杯。

饮下那些醋后，任迪简当即感到肚子绞痛不止。宴罢回家，他马上昏昏沉沉地倒在床上。夜晚，他腹痛加剧，吐了不少血，后来经多方治疗才得以康复。

■故事感悟

任迪简为了不让那位侍从遭受刑罚，强忍着喝下了三大杯自己最讨厌的醋。他宽厚仁爱的美德启示我们，对别人无心的小失误要持宽容、理解的态度，要给他们改正错误的机会。

■史海撷英

节度使

节度使为我国古代的一种官名，是唐代时期开始设立的地方军政长官。由于受职之时朝廷赐以旌节，故而得名。

据《资治通鉴》第二百一十卷唐纪二十六载：唐睿宗景云元年(710年)，以幽州镇守经略节度大使薛讷为左武卫大将军兼幽州都督，节度使之名自薛讷始。景云二年(711年)，贺拔延嗣为凉州都督充河西节度使，节度使开始成为正式的官职。

■文苑拾萃

《孟子·离娄》下（节选）

孟子曰："君子所以异于人者，以其存心也。君子以仁存心，以礼存心。仁者爱人，有礼者敬人。爱人者，人恒爱之；敬人者，人恒敬之。有人于此，其待我以横逆，则君子必自反也：'我必不仁也，必无礼也，此物奚宜至哉？'其自反而仁矣，自反而有礼矣，其横逆由是也，君子必自反也：'我必不忠。'自反而忠矣，其横逆由是也，君子曰：'此亦妄人也已矣。如此，则与禽兽奚择哉？于禽兽又何难焉？'是故君子有终身之忧，无一朝之患也。乃若所忧则有之：舜，人也；我，亦人也。舜为法于天下，可传于后世。我由未免为乡人也，是则可忧也。忧之如何？如舜而已矣。若夫君子所患则亡矣。非仁无为也，非礼无行也。如有一朝之患，则君子不患矣。"

译文：

孟子说："君子与一般人不同的地方在于他内心所怀的念头不同。君子内心所怀的念头是仁，是礼。仁爱的人爱别人，礼让的人尊敬别人。爱别人的人，别人也永远爱他；尊敬别人的人，别人也永远尊敬他。假定这里有个人，他对我蛮横无礼，那君子必定反躬自问：'我一定不仁，一定无礼吧，不然的话，他怎么会对我这样呢？'如果反躬自问是仁的，是有礼的，而那人仍然蛮横无礼，君子必定再次反躬自问：'我一定不忠吧。'如果反躬自问是忠的，而那人仍然蛮横无礼，君子就会说：'这人不过是个狂人罢了。这样的人和禽兽有什么区别呢？而对禽兽又有什么可责难的呢？'所以君子有终身的忧虑，但没有一朝一夕的祸患。比如说这样的忧虑是有的：舜是人，我也是人；舜是天下的楷模，名声传于后世，可我却不过是一个普通人而已，这才是值得忧虑的事。忧虑又怎么办呢？像舜那样做罢了。至于君子就没有别的什么忧患了。不是仁爱的事不做，不合于礼的事不做。即使有一朝一夕的祸患来到，君子也不会感到忧患。"

沈道虔"躲贼"助人

沈道虔(368—449),字汝恭,吴兴武康人。沈道虔自少仁爱,待人宽厚,好研究《老子》和《周易》,隐居于武康县北石山下。东晋末,因战乱饥荒,县令庾肃之在县南临前溪建宅,迎沈道虔居住。宅居占山水之胜,但沈道虔仍回石山精庐,与从学的诸孤兄、女共享县令所助之资。沈道虔卒于宋元嘉二十六年(449年),时年82岁。子沈慧锋,继父志,隐居,"修父业"。《南史》有传。

沈道虔是我国南北朝时期宋时一位品德高尚的隐士。他蔑视当朝权贵,不满统治者的懦弱无能,看不惯官场中的腐败现象,辞官不做,仿效陶渊明,当了一名隐逸世外的农夫。

尽管种地的日子非常清贫、辛苦,刚够填饱肚子,但沈道虔只要一有机会,总是尽可能地去帮助、周济别人。有时候甚至宁可自己挨饿,也要把地里种出的一点粮食让给其他更困难的人。

有一次,沈道虔外出访友。一个小伙子趁他不在,偷偷溜进他的菜园里拔园中的萝卜吃。正好这天沈道虔的朋友不在家,所以他很快就回来了。刚刚走到村边,沈道虔发现了自己园子里有人在偷萝卜。要是换成别人，一定会悄悄走过去，抓住偷萝卜的人，叫他赔偿。可沈道虔并不这样，他跑到村里的草垛后躲起来，等到那偷萝卜的人偷够了离开菜园后他才出来。

村里有人发现了躲在草垛后的沈道虔，问明情况后就好奇地说："沈居士，就算你不追究他偷你东西，起码也该阻止一下啊。你倒好，反而躲起来怕他发现，好像你是贼似的。把你园中的萝卜偷光了，看你吃什么！"

沈道虔笑笑说："他偷萝卜是因为饿得太厉害了，我要是突然出现一定会吓着他。几个萝卜算不了什么，总不能为这点小事伤了人家的自尊心，坏了别人的名声啊。"

又有一次，一个人偷沈家屋后的竹笋，沈道虔劝阻他说："我珍惜这些竹笋，是想让它长成竹林，我有比这更好的竹笋再送给你。"于是自己掏钱买了一些大竹笋送给那个人。那偷拔竹笋的人感到十分惭愧，没有接受，沈道虔便亲自把竹笋送到那人的家中。

遇上干旱或水灾的时节，田里收成不好，沈道虔常常靠拾取别人收割后田里遗留下来的禾穗过日子。有一次，同他一块去拾禾穗的人为了几穗禾穗与别人发生了争吵。沈道虔几次劝阻，他们还是吵嚷不休，沈道虔就把自己拾得的禾穗都给了他们。争吵的人感到十分内疚，都推辞不受。后来每当与别人发生争执时，他们就互相告诫说："不要让沈居士知道了。"

冬天，沈道虔没有钱添衣御寒，这件事被当时著名的山水画家戴颙知道了。戴颙十分爱惜沈道虔这样的人才，便把他接到家中，替他做了几件冬衣，并送给他一些钱。沈道虔回到家中，发现乡里还有好几个冻得缩在屋角发抖的邻居，就把戴颙送给他的衣服和钱全部分给了这些没有衣服御寒的人。

■故事感悟

沈道虔不顾自身贫寒，尽全力帮助他人。他对身边人体现出来的仁义之心不仅在物质方面，更体现在他对别人人格的尊重上。正是这一点，展示了沈道虔的仁德与名士风采。

■史海撷英

沈道虔不求官

吴兴太守王敬宏（约416—418年在任）对沈道虔十分敬重，曾十二次命他出山任职，可沈道虔不就。宋文帝听说后，又赐给沈道虔钱3万、米200斛，使孤兄子嫁娶，又征沈道虔为员外散骑侍郎，沈道虔仍然不就，而是一心向佛，并舍父祖旧宅为寺。宋文帝便命郡守、县令随时资助沈道虔。

■文苑拾萃

《南史》

《南史》是唐朝时期的李延寿所撰，是中国历代官修的正史"二十四史"之一。

《南史》为纪传体，共80卷，含本纪10卷，列传70卷，记载了上起宋武帝刘裕永初元年（420年），下迄陈后主陈叔宝祯明三年（589年）南朝宋、齐、梁、陈四国170年的史事。《南史》与《北史》为姊妹篇，以《宋书》《南齐书》《梁书》及《陈书》为蓝本，又参考了杂史千余卷，删繁就简，最终成一家之言。

张知常宽以待人

张知常（生卒年不详），北宋时期人。张知常德才兼备，广受人们尊敬，其不认失金的故事更是广为流传。

张知常是宋朝人，他年少时就表现出宽广的胸襟。他在学堂里读书的时候，有一次，家里托人捎了几两金子给他，和他同一学舍的书生趁他外出之机，撬开他的书箱把金子偷走了。学官召集了全馆舍的书生进行搜查，最后找到了金子。谁知张知常却不肯认领，一口咬定："那金子不是我丢的。"学官感到很不理解，只好把金子还给了偷盗的书生。

学官把张知常单独叫到外面，好奇地问道："金子的数目明明和你丢失的相符，那偷盗的书生表情相当不自然，这不正好证明金子是他偷的吗？为什么你不肯指认呢？"

张知常低头不语。学官说："你一定是有什么顾虑才不肯承认金子是你的。如果你信任我的话，不妨在这里说出来，我保证金子的事到此为止，不再追究，怎么样？"

张知常这才缓缓说道："听说与我同舍的那位书生，他父亲最近病得十分严重，需要钱买药治疗。我本来是准备周济一下他的。现在为了他的名声，我决定隐瞒此事，请学官成全！"

学官听到这番话，觉得非常欣慰，他赞赏地拍拍张知常的肩，由衷地说："我为有你这样的学生而自豪！"

同舍的那个书生也被张知常不认失金的行为所打动，等到夜晚，满脸羞愧地将金子笼在袖子里归还于他，张知常拿出一半金子送给了这个书生。

后来，张知常做了地方官员，无论办案或处事总是把老百姓利益放在第一位，时时替他人着想，并常常教育家里人要帮助那些有困难的百姓。如果有人损害到了他的利益，他却全然不在意。

有一天，张知常办完公务回来，路过自己的私宅时，见栗园中有人正在树上偷摘栗子。张知常连忙勒住马，掉头绕道十三四里回家。家里人询问他怎么回来得比平常晚，他将事情经过告诉了家人："假使我经过那里，偷栗的人看见我，一定会受惊掉到地上，不死也会跌成重伤。现在随他去摘，能损失多少呢？"旁人听闻此事，都很佩服张知常的仁厚品格。

■ 故事感悟

张知常体恤民情，处处为别人着想，宽以待人，把百姓的利益看得高于一切，其恤寡怜贫的美好品质令人赞叹不已。

■ 史海撷英

北宋的货币

北宋时期，随着商品交换的不断发展，货币的流通量也明显增加。唐朝玄宗天宝年间，每年铸币量为32万贯，而北宋从太宗时起，每年的铸币量就达到了80万贯，以后更是逐年增加。到神宗熙宁六年（1073年），铸币量已经达到了600余万贯。

除了铜钱和铁钱外，金银也开始作为半流通性的货币投入使用。租税的征收、官俸的发给和对外贸易等，都会使用银两。在一些大型城市，还有金银铺和兑房，专供买卖金银和兑换货币。在国家税收中，白银所占的比重也逐渐增加，天禧五年（1021年）为88.39万两，到宣和二年（1120年）已经达到了1860万两。黄金虽然也在流通，但不占重要地位。

北宋时期，还产生了世界上最早的纸币——"交子"。北宋建立后，四川地区长期使用铁钱，但由于铁钱较重，携带不方便。到10世纪末叶，成都市场上便出现了所谓的"交子铺"，发行纸币"交子"，从而代替铁钱流通。

■文苑拾萃

《清明上河图》

《清明上河图》为中国的十大传世名画之一，属北宋风俗画作品。《清明上河图》宽24.8厘米，长528.7厘米，绢本色，是北宋著名画家张择端存世的仅见的一幅精品，也属国家一级国宝。《清明上河图》生动地记录了中国12世纪时期城市生活的面貌，在中国乃至世界绘画史上都是独一无二的。

作品的内容主要分为两部分，一部分是农村，另一部分是市集。画中共有550余人，牲畜50多匹（只），船只20余艘，房屋楼宇30多栋，车13辆，轿14顶，桥17座，树木约180棵。画中来往的人物衣着各不相同，神情也各种各样，栩栩如生，其间还穿插着各种活动。整幅画构图疏密有致，富有节奏感和韵律的变化，笔墨章法也都十分巧妙。

《清明上河图》所描绘的汴京景象，正是汴京当年繁荣的见证，也是北宋城市经济情况的真实写照。通过这幅画，我们可以了解到北宋的城市面貌以及当时各阶层人民的生活状况，所以，《清明上河图》除了艺术价值外，还具有极高的史料价值。

第二篇
怀仁义善待苍生

晏子规劝齐景公

晏婴(？—前500)，字仲，谥平，习惯上多称平仲，又称晏子，夷维(今山东高密)人。晏婴是春秋后期一位重要的政治家、思想家、外交家，齐国上大夫晏弱之子，以生活节俭，谦恭下士著称。据说晏婴身材不高，其貌不扬。齐灵公二十六年(公元前556年)晏弱病死，晏婴继任为上大夫。

晏子是春秋时期齐国的相国。他节俭朴素，关心人民疾苦，敢于当面批评国君的错误，人们都很尊敬他。

有一年冬天，大雪下了三天三夜，天气冷极了。齐景公披着白狐皮斗篷，坐在宫殿里观赏雪景，还派人去叫晏子也来赏雪。不一会儿，晏子来了，齐景公让他坐在一旁，说："您难得有闲空，今天就和我一起赏雪吧！"

晏子没答话。过了一会儿，齐景公没话找话地说："真奇怪，一连下了三天大雪，可是一点儿也觉不出冷来。"

"真的不冷吗？"晏子反问了一句。

齐景公也觉得自己的话说得不对了，不好意思地笑了笑。晏子说：

"我听说贤明的君主在自己吃饱的时候，惦记着别人在挨饿；自己穿暖的时候，不忘别人在受冻；自己安逸享乐，要想着劳苦的百姓。现在，您把这些全忘了。"

齐景公听着，脸不觉红了，忙说："您说得对，我明白了。"

说完，齐景公下令，从仓库里取一些衣服和粮食，发放给穷人。

过了些日子，春暖花开，齐景公亲自到山上捉鸟。他看见一只漂亮的鸟，刚要射箭，忽然传来一阵砍柴声，把鸟惊飞了。齐景公的坏脾气又上来了，立刻喊道："把那个砍柴的抓起来，带回去收拾他！"这时，一个随从跑过来告诉齐王："那边有一个鸟窝，里面有响声。"

齐景公走过去一看，鸟窝旁有一只还不会飞的小鸟，毛茸茸的，张着小嘴不停地望着人叫，齐景公觉得小鸟怪可怜的，就把它送回窝里了。

齐景公回宫后，晏子问："大王今天捉了几只鸟？""费了老大劲，捉到一只小鸟，我看它不会飞怪可怜的，就又放回窝里去了。"

晏子听完，赶紧拜了几拜，高声说："我们大王今天做了圣人做的事啊！"

齐景公不以为然地说："您说到哪里去了。我抓了小鸟，看它小放了它，这跟圣人有什么关系呢？"

晏子说："这件事虽小，可我看得出，您对鸟兽都有仁爱之心。我想，今后您一定会更加关心百姓，所以，我说您是做了一件圣人做的事啊！"

齐景公听了这话，想起押回来的那位砍柴人，忙说："快放了那个砍柴人吧，我要做一个仁君。"

齐景公心爱的小狗死了，他十分伤心，打算做一副上等的棺木厚葬爱犬，还决定让大臣们给狗举行隆重的葬礼。晏子劝阻他，齐景公不耐烦地说："这么一件小事，您就不必管了。这是给大家取乐的。"

晏子郑重其事地说："大王，您错了。现在有多少百姓冻死、饿死，死后无人埋葬，您不去管，反倒有心思和周围的人取乐，这不明摆着是轻视百姓、只顾自己吗？百姓听了这件事，必定不拥护您做国君；各国诸侯听说了，必定看不起齐国。内有不满的百姓，外被诸侯轻视，再加上大臣们跟你学开心取乐，齐国危亡不远了，这难道是小事吗？"

齐景公吓得出了一身冷汗，说："对呀！多亏您提醒了我。狗还是送厨房，炖了吃肉吧！"

■故事感悟

晏子不顾个人安危，时时处处为百姓着想，力劝君王改过从善，维护了社会的稳定。他的仁义之德也得到了人们的尊重和敬仰。

■史海撷英

晏子妙语救烛邹

齐景公非常喜欢养鸟。有一次，齐景公得到了一只特别漂亮的小鸟，就派一个叫烛邹的人给他饲养这只鸟。可是几天后，这只小鸟飞走了，齐景公十分生气，大声喊道："烛邹，我要杀了你！"

这时，站在一旁把一切都看在眼里的晏子对齐景公说："请大王先让我宣布烛邹的罪状，然后再杀也不迟。"

齐景公说："可以。"

这时候，武士们把烛邹绑来了，晏子绷着脸，严厉地对他说："烛邹，你犯了死罪，罪过有三条：第一，大王叫你养鸟，你不留心让鸟飞走了；第二，你使国君为一只鸟要杀人；第三，这件事让别人知道了，都会认为我们国君只看重鸟而轻视人的生命，从而看不起齐国。所以国君要杀死你！"

说到这儿，晏子回过头来对景公说："现在请您动手吧！"

听完晏子的话，齐景公明白晏子是在责备自己。他干咳了两声，说："算了，算了，把他放了吧！"

接着，齐景公走到晏子面前，拱手说道："若不是您及时开导，我险些犯了大错呀！"

■文苑拾萃

《晏子春秋》

《晏子春秋》是一部记叙春秋时期齐国晏婴的思想、言行和事迹的著作，也是我国最早的一部短篇言行集。相传是后人为晏婴所撰，现在则认为是后人集晏婴的言行轶事而编撰。

《晏子春秋》分内篇和外篇两部分。其中，内篇分谏上、谏下、问上、问下、杂上、杂下六篇，外篇分上、下二篇。谏上、谏下主要记叙了晏婴劝谏齐君的言行；问上、问下则主要记叙了君臣之间、卿士之间以及外交活动中的问答等；杂上、杂下主要记叙了晏婴的其他各种事件。

外篇的上下两篇内容较为驳杂，与内篇的六篇相通而又有一定的差别。

《晏子春秋》语言简练，情节丰富，生动地呈现出了晏婴的形象，具有较高的答辩性。而且书中的寓言多以晏子为中心人物，情节完整，主题集中，讽喻性强，对后人有较大的影响与启迪。

程婴舍子养遗孤

赵武（？—前541），嬴姓，赵氏，名武，谥文，故又称赵文子，又称赵孟；春秋时期晋卿，赵氏宗主；赵盾之孙，赵朔之子。赵武母为晋成公之女赵庄姬（《史记·赵世家》记载为晋成公之姊，并非事实，属司马迁之误）。赵武约在公元前581年—前541年为赵氏宗主，公元前548年—前541年担任晋国正卿。赵武为人低调，重信义、崇礼让，有其曾祖赵成子之风，是赵氏再度崛起的奠基人。赵武执政后，开始以偃武修文的纲领主持国政，力主减轻诸侯盟国对晋国的纳贡，加强礼仪交涉，各国以礼行事。公元前546年，赵武代表晋国与楚国实现和平弭兵，中原各国间的战事暂停。

春秋时期，晋灵公遇刺身亡，他的儿子晋成公继位。司寇大臣屠岸贾上奏说："刺客已经查明，是赵朔的远房亲戚赵穿。所以赵朔有罪当斩，赵氏的子孙永不能入朝做官，必须抄家灭族。"晋成公就把此事全权交给屠岸贾办。

于是，赵朔被满门抄斩，只有夫人幸免于难。这时，她正怀着身孕，屠岸贾说："孩子生下，不管是男是女都处死！"

怀胎足月后，夫人生了一个男孩。她偷偷把公孙杵臼和程婴两人叫进后宫，哀哀痛哭说："你们两位是高义之士，夫君生前十分敬重你们，现在夫君惨遭横祸，我也不能独生。这个遗腹的娃儿是赵家唯一的根苗了，求求两位先生救救他，保存赵家的一根血脉，拜托了！"说完，夫人就自绝身亡。

杵臼、程婴泪流满面，下跪发誓说："苍天在上，不管千辛万苦，我们一定不计一切代价，将这可怜的孩子抚养成人，决不辜负赵氏托孤的重任！"他俩抱着孩子就躲藏起来。

屠岸贾发现夫人已死，但孩子没有了，知道是被人转移了，就到处设岗置卡，布下天罗地网，一定要将赵氏孤儿追拿到手。杵臼、程婴抱着孤儿，躲躲藏藏，又要替孩子找奶水，又怕孩子啼哭走露风声，更怕孩子感受风寒有个三长两短，真是苦不堪言。

一天，杵臼对程婴说："这样的日子什么时候是个头？咱俩商量一下。"

程婴说："还商量什么呢？咱俩都对天发誓了，不管千辛万苦，都要把这个孩子拉扯大！"

杵臼说："我不怕千辛万苦，就怕这娃儿早晚被屠岸贾抓到手，又怕他嫩，经不起折腾！"程婴点点头说："我也是，真愁死人了！"

杵臼说："我问你，死和救护这孤儿，哪个容易哪个难？"程婴说："还用说吗？当然是死容易，救护孤儿难！"

杵臼说："这就对了。我有一个主意，咱俩分个工，我挑容易办的，把难的留给你，就一定能保住这孤儿！"程婴一听杵臼说得那样自信，感到奇怪，忙问："什么主意？"

杵臼平静地说："我老婆也生了一个儿子，和这娃同一个月生的。"

程婴说："这与救护赵氏孤儿有何关系？"

杵臼说："我的主意是，我抱我儿藏到深山洞里，你去向屠岸贾告发，就说我把赵氏孤儿藏到洞里，把他带到山洞里搜查，我和我儿肯定会被杀死。这样，屠岸贾误以为赵氏已经被斩草除根，你就可以平安养护这可怜的孤儿了！"

程婴吃惊地说："怎么可以这么办？"

杵臼泪流满面地说："咱们不是发过誓吗？要不惜一切代价，保全这个赵家独苗。我选择了容易办到的路子，而把难办的事留给你了，拜托了！"

说完，这两位男子汉抱头哭成一团。

他们实行了这个办法，保全了赵氏孤儿。程婴还给孩子取名叫"武"，待赵武长大后，又把他的身世告诉给他知道。赵武很有出息，向晋成公上书申辩说："家父无辜，只是因为政见不一，屠岸贾就假公济私，乘灵公不幸遇刺之机，制造了这一起抄灭赵氏的冤案。"

晋成公昭雪了冤情，惩办了屠岸贾。赵氏冤情大白于天下，程婴忠义大白于天下，公孙杵臼忠烈大白于天下。然而，最后的程婴并没有品尝到胜利的美酒，十数年积聚的丧子之痛、丧君之痛、丧友之痛一并袭上心头，程婴最终自刎而死，赵武为此服丧三年。

■故事感悟

"搜孤救孤"被世代传唱，就是因为故事本身的魅力无限。历史上多少仁人志士为保护少主而献出了自己的孩子，或献出了自己的生命也在所不惜，这一切充分说明，牺牲自己保卫他人，捍卫信仰是值得尊敬的。

■史海撷英

赵武参加弭兵大会

公元前546年，赵氏孤儿赵武代表晋国到宋国的国都商丘参加弭兵大会。

这次弭兵的建议是由宋国的大夫向戍提出的，而事实上却体现了赵武偃武修文的政策。赵武一贯主张减轻各诸侯国对霸主贡纳，加强礼仪方面的要求，各国都循礼行事，即可维持一个和平的局面。赵武曾经说过："自今以往，兵其少弭矣。……若敬行其礼，道之以文辞，以靖诸侯，兵可以弭。"所以，向戍提出弭兵建议后，晋国首先响应。

在会盟中，赵武处处表现出息事宁人的态度，重信义，崇礼让，从而使弭兵活动取得了成效。弭兵大会由晋、楚两国联合发起，共有晋、楚、鲁、宋、蔡、卫、陈、郑、曹等十国代表参加，大会也约定晋、楚两国息兵停战，共同做霸主。

■文苑拾萃

退避三舍

有一次，楚成王邀请重耳到王宫去，在宴会上开玩笑说："公子要是将来回到晋国当上国君，那么会怎样报答我呢？"

重耳说："我愿意和贵国永远友好。如果两国交兵打仗，在两军相遇时，我一定退避三舍。"等宴会结束，楚国大将成得臣对楚王说："重耳言谈没有分寸，我看他是个忘恩负义的人。不如趁早杀掉他，免得以后吃他的亏。"

楚成王对成得臣的意见不置可否，好在秦穆公派人来接重耳，成王就让重耳到秦国（都城雍，在今陕西凤翔东南）去了。

当初秦穆公帮助重耳的异母兄弟夷吾回晋国当了国君。没想到夷吾做了晋国国君以后，不仅不感恩戴德，还和秦国发生了战争。夷吾死后，他儿子又同秦国发生事端。于是秦穆公决定帮助重耳回国。

　　公元前636年，秦国的大军护送重耳渡过黄河，收复了晋国，从此流亡了19年的重耳在晋国当上了国君。这就是晋文公。

孟子提出"民贵君轻"

孟子（约公元前372—前289），战国时期邹国人，著名思想家、教育家，儒家代表人物，著有《孟子》一书。孟子继承并发扬了孔子的思想，成为仅次于孔子的一代儒家宗师，有"亚圣"之称，与孔子合称为"孔孟"。

有一天，孟子拜见梁惠王。梁惠王说："我对国家真是够尽心的了。河内发生灾荒，我就把那里的一部分百姓迁到河东去，把粮食运到河内去赈济。河东发生灾荒，我也是这么办的。考察邻国的政务，没有哪个国君能像我这样为百姓操心的了。但是，邻国的人口却并不减少，而我们国家的人口也没有增多，这是什么缘故呢？"

孟子回答道："大王喜欢打仗，就请让我拿打仗作个比喻吧。咚咚地擂起战鼓，刀刀剑锋相碰，战斗刚开始，就有士兵丢盔弃甲，拖着兵器逃跑。有的逃了一百步停下来，有的逃了五十步住了脚。如果凭着自己只逃了五十步就嘲笑那些逃了一百步的人，那会怎么样呢？"

惠王说："不可以，只不过没跑到一百步罢了，这同样是逃跑呀？"

孟子说："大王如果懂得这一点，就不要指望国家的百姓会比邻国多了。

不耽误百姓的农时，粮食就吃不完；细密的鱼网不放入大塘捕捞，鱼鳖就吃不完；按一定的时令采伐山林，木材就用不完。粮食和鱼鳖吃不完，木材用不完，百姓养家糊口、为死者办理丧事就没有什么遗憾了。百姓养育家人、埋葬死者没有什么遗憾，这就是王道的开始。五亩大的宅地，房前屋后多种桑树，五十岁的人就能穿上丝绸衣服了。鸡、猪和狗一类家畜不错过它们的繁殖时节，七十岁的人就能吃上肉了。一百亩的田地，不要占夺种田人的农时，几口人的家庭就可以不饿肚子了。搞好学校教育，不断向年轻人讲述孝顺父母、敬爱兄长的道理，头发花白的老人就不必肩扛头顶着东西赶路了。七十岁的人能穿上丝绸衣服，吃上肉，百姓不挨冻受饿，做到这样才能统一天下。现在，富贵人家的猪狗吃着人吃的粮食，您却不制止；道路上有饿死的尸体，您却不开仓赈济；人饿死了，却说'这不是我的责任，是收成不好'，这跟把人刺死了却说'不是我杀的人，是兵器杀的'有什么两样呢？大王请您不要怪罪年成不好，只要推行仁政，天下的百姓就会投奔到您这儿来了。"

梁惠王听了孟子的一番话，应该有所感悟。

■故事感悟

孟子继孔子之后提出了"民为贵，社稷次之，君为轻"的观点。他真正认识到了人民大众才是社稷的根本，认为君主应该爱民，勤于政事，轻徭薄赋，使人民能正常生产、生活。君主以仁义之心对老百姓施以仁政，才能得到老百姓的爱戴。

■史海撷英

孟子以下棋谏齐王

孟子对齐王的昏庸无能、缺乏毅力和轻信奸佞谗言的行为很不满，便不客气地对齐王说："大王您也太不明智了！天下虽然有生命力很强的生物，可是您把它放在阳光下晒一天，再放在阴寒的地方冻十天，它哪里还活得成呢！我跟大王在一起的时间是很短，大王即使有了一点儿从善的决心，可是我一离开您，那些奸臣又来哄骗您，您又会听信他们的话，叫我怎么办呢？"

接着，孟子又打了一个生动的比喻："下棋看起来是件小事，但假使你不专心致志，也同样学不好，下不赢。奕秋是全国最善下棋的能手，他教了两个徒弟，其中一个专心致志，处处听奕秋的指导；另一个却老是想着有大雁飞来，准备用箭射它。两个徒弟是一个师傅教的，一起学的，然而成绩却差得很远。这不是他们的智力有什么区别，而是专心的程度不一样啊。"

□文苑拾萃

得道多助，失道寡助

（战国）孟　子

天时不如地利，地利不如人和。

三里之城，七里之郭，环而攻之而不胜。夫环而攻之，必有得天时者矣，然而不胜者，是天时不如地利也。

城非不高也，池非不深也，兵革非不坚利也，米粟非不多也，委而去之，是地利不如人和也。

故曰域民不以封疆之界，固国不以山溪之险，威天下不以兵革之利，得道者多助，失道者寡助。寡助之至，亲戚畔之；多助之至，天下顺之。以天下之所顺，攻亲戚之所畔，故君子有不战，战必胜矣。

译文：

有利的时机和气候不如有利的地势，有利的地势不如人的齐心协力。

一个三里内城墙、七里外城墙的小城，四面围攻都不能够攻破。既然四面围攻，总有遇到好时机或好天气的时候，但还是攻不破，这说明有利的时机和气候不如有利的地势。

城墙不是不高，护城河不是不深，兵器不是不锐利，甲胄不是不坚固，粮草也不是不充足，但士兵还是弃城而逃了，这就说明有利的地势不如人的齐心协力。

所以说，老百姓不是靠封锁边境线就可以限制住的，国家不是靠山川险阻就可以保住的，扬威天下也不是靠锐利的兵器就可以做到的。拥有道义的人得到的帮助就多，失去道义的人得到的帮助就少。帮助的人少到极点时，连亲戚也会叛离；帮助的人多到极点时，全天下的人都会顺从。以全天下人都顺从的力量去攻打连亲戚都会叛离的人，必然是不战则已，战则无不胜。

刘邦施仁政兴国力

刘邦（？—前195），字季（一说原名季），沛郡丰邑中阳里（今江苏丰县）人，秦朝时曾担任泗水亭长，起兵于沛（今江苏沛县），后成为汉朝（西汉）开国皇帝，庙号为太祖（但自司马迁时就称其为高祖，后世多习用之），谥号为高皇帝。刘邦对汉民族的统一、中国的统一强大，汉文化的保护发扬有很大的贡献。

刘邦战胜项羽后，面临的是土地荒芜、生产凋零、粮食奇缺的境况。一石米竟卖5000钱，致使"人相食，死者过半"。皇帝乘坐的御辇凑不够4匹毛色一致的马，将相出行只好乘牛拉的车。侥幸活下来的劳动人民不是逃亡山泽隐匿，就是卖身富家为奴。三年的反秦起义和五年的楚汉相争，使国家经济面临更加彻底崩溃的境地。

要巩固新生的汉政权，就必须迅速恢复国家经济。为此，高祖刘邦采取了一系列行之有效的措施。

人是恢复生产的决定因素。为解决劳动力严重不足的困难，他首先从挖掘现有人口潜力着手，用赦免罪人、招抚流亡、复员军队、解放奴婢、鼓励生育等方法增加生产人手。

刘邦刚刚打败项羽，在定陶即皇帝位时，就下了一道大赦令。赦令说："八年战争给老百姓造成了莫大灾难。现在天下太平了，可以赦免狱中除死罪外的所有囚犯。"在以后的几年里，像这样的赦令他还下达了7次。

由于战争，使得很多人流亡外地。刘邦移驻洛阳不久，便颁发了"复故爵田宅"的诏令。他宣布："以前流亡隐匿在山泽而没有登记户籍的人，只要返回家园，就恢复其原来的爵位和田宅，任何人不得刁难和歧视。地方官吏中如有人违背这个诏令，将从重论处。"

汉政府鼓励从军的吏座复员从事社会生产。愿意留在关中的，免除12年徭役；返回故乡的，免除6年徭役。复员的交卒因犯罪或其他原因而失去爵位的，或虽有爵位但没有达到大夫一级的，一律赐给大夫级的爵位；已有大夫级以上爵位的，再给增加一级。

奴婢也是一支不可忽视的力量。刘邦下诏规定：凡是因饥饿而卖给别人当奴婢的，一律恢复其自由人身份。

为了鼓励生育，高祖七年，刘邦颁布诏令宣布：老百姓家生了儿子，可以免除两年徭役。

农业要发展，土地是关键。为了使弃耕的土地得以充分利用，刘邦早在楚汉战争时期就命令开放过去秦王朝的范围园地，准许无地或少地的农民垦植。他称帝之后，进一步落实"以军功行田宅"的政策，按军功的大小和爵位的高低赏赐给从军空卒数量不等的土地，使他们成为自耕农或中小地主。

刘邦还用轻徭薄赋的政策来调动生产者的积极性。汉朝的徭役制度基本上沿用秦朝规定，但在执行时有很大放宽。秦代男子法定服役年龄段是15—56岁。由于秦统治者急功近利，大兴土木，实际征发时还常常超过这个年龄段。刘邦则把它缩减为23—56岁。他对服役的天数也做了严格规定：每年在本郡或本县服役一月，称"更卒"，主要从事筑城、修垒或其他社会公益劳动；每人一生中到边疆戍守一年，称"屯戍"；到京城服务一年，称"正卒"。一般情况下按规定执行，如果条件允许，还适当予以减免。

汉初征收的简税也不算太重。秦时"收泰半之赋"（征收农民收获物的一半）。刘邦规定"轻田租，什伍而税一"（征收实际收获物的十五分之一）的制度，并根据官吏薪俸和政府开支的需要，制定赋税的总额，认真执行，不许乱征。刘邦当政期间，就几次下令免除一些地方老百姓一年或几年的赋税。

如何处理好农业生产和工商业的关系，一直是中国封建社会的一个重要问题。战国以来，弃农从商的情况就相当严重，它对封建社会的基础产业——农业，起着瓦解和破坏作用，弃本逐末的人多了，投入农业的人就少了。而且，商人"以求致财，用本守之"，他们用经营商业和高利贷赚取的大量金钱来兼并土地，造成大量农民与土地的脱离。他们还利用荒年或战乱低买高卖，囤积居奇，更是加重了农民的负担。基于此，汉初实施"重农抑商"政策，即压抑商贾的政策。

高祖刘邦实施的以上措施获得了显著成绩，秦末以来凋敝的经济出现了转机，而且作为"祖宗之法"，被他的后继者又严格地承袭下来。

■故事感悟

刘邦出身低微，个人素养并不高，但他善于汲取历史的经验，采取有利于人民的治政方针，顺应了历史发展的趋势，建立了汉朝。建汉后，刘邦采取了轻徭薄赋的措施使人民安居乐业，国家政权得以稳固，经济逐渐繁荣起来。由于他治国有道，成绩显著，使东汉越来越强大起来。

■史海撷英

项庄舞剑　意在沛公

在秦末农民起义战争中，刘邦率先攻取了咸阳，这引起了项羽的不满，于是就想请刘邦赴鸿门宴，打算借机会除掉刘邦。

刘邦来到项羽的军营中，只带了樊哙、张良和100名精锐亲兵。到了项羽的大帐鸿门，刘邦当面向迎接他的项羽赔礼道歉。

项羽请刘邦入内赴宴，项羽的亚父范增一直主张杀掉刘邦，因此在酒宴上，他一再示意项羽发令。但项羽却犹豫不决，默然不应。范增便召项庄舞剑为酒宴助兴，打算趁机杀掉刘邦。而被刘邦收买的项伯为了保护刘邦，也拔剑起舞，掩护刘邦，最终让范增的计谋没有成功，刘邦安全逃脱。

■文苑拾萃

《汉书》

《汉书》又被称为《前汉书》。《汉书》是由我国东汉时期的历史学家班固所编撰，也是我国第一部纪传体断代史，为"二十四史"之一。

《汉书》是继《史记》后我国古代的又一部重要史书，与《史记》《后汉书》《三国志》三部史书并称为"前四史"。《汉书》全书主要记述了上起西汉的汉高祖元年（公元前206年），下至新朝的王莽地皇四年（23年），共230年的史事，包括纪12篇，表8篇，志10篇，传70篇，共100篇，后人划分为120卷，共80万字。

鸿鹄歌

（汉）刘邦

鸿鹄高飞，一举千里。
羽翼已就，横绝四海。
横绝四海，又可奈何？
虽有矰缴，尚安所施？

汉文帝仁爱治国

汉文帝刘恒（公元前203—前157），汉族，汉朝第五位皇帝，汉高祖刘邦第四子，惠帝刘盈弟，母薄姬。刘恒在位期间，继续执行与民休养生息和轻徭薄赋的政策，使汉朝从国家初定走向繁荣昌盛的过渡时期。后世将这一时期与其子景帝执政的时期统称为"文景之治"。刘恒在位23年，享年46岁，死后葬于霸陵（在今陕西长安区东），庙号太宗，谥号孝文皇帝。刘恒是《二十四孝》中亲尝汤药的主角。

因"文景之治"而名垂史册的汉文帝刘恒，在中国历史上是一位以仁爱治天下的典型皇帝。

汉文帝是汉高祖刘邦的第四子，早年曾被封为代王。刘邦去世后，吕后发动宫廷政变，刘、吕两大集团纷纷争权夺利，这时刘恒的母亲薄氏带着幼小的刘恒离开了宫廷这一是非之地，来到远离京城的代王封地。薄氏知书达理，深明大义，教育刘恒从小读诗学经，为人处世。刘恒从小也深受仁爱思想的熏陶，不仅学到了许多治国之道，而且还懂得了许多做人处事的道理。

吕后驾崩后，周勃、陈平率领刘氏集团剿灭了吕氏全族。经过对刘氏集团人才的考核，最后决定拥立代王刘恒为帝。刘恒即位时，汉朝的国力十分贫弱，大夫以下的大臣只有牛车坐。汉文帝施行仁政，终于使天下大治。

　　汉文帝具体采取的措施有：

　　一、要求朝廷百官和地方守令重视农业，劝民农桑，薄徭役，减赋税，激发农民的生产积极性。汉文帝十三年，还免除了全国一年的田地租税，这在中国封建社会上是很少有的。

　　二、鼓励人们向朝廷提意见，即便是咒骂皇帝的也不治罪，这在中国封建皇帝中也是极其罕见。恢复春耕前，皇帝还亲自耕种田地，为天下做出表率。

　　三、提倡节俭。汉文帝生活极为简朴，他在位的23年，宫室、园林、服饰和御用器具都没有什么增加。据史书记载，汉文帝为了节省黄金百斤，曾取消了建造露台的计划。汉文帝自己也穿着粗糙的丝绸衣服，并规定宠妃的衣服不许拖地。

　　此外，汉文帝还废除了断肢、割鼻、刻肌肤等肉刑，减轻了笞刑，并要求官吏断案从轻，只求大指，不求细苛，从而使全国的刑狱大减。

　　经过这一番治理，汉朝的生产得到极大的发展，府库充盈，政通人和，百姓乐业，汉朝的政权得到了巩固。文帝之后，景帝刘启继续文帝的政策，父子共同开创了被誉为前汉盛世的"文景之治"，为后来汉武帝的改革创新奠定了坚实的物质基础。

　　据说，汉文帝死前还告诫太子刘启，自己驾崩时不要禁止百姓娶妻、祭祀、饮酒，不要万民恸哭，显示了仁爱贤明的帝王本性。刘恒死后，谥曰"文帝"。在历史上，死后谥号为"文"的皇帝并不多，因此有史学家评价400年的汉朝时，有"功莫大于高祖，德莫厚于汉文"之说。

汉文帝作为一国之君，如何治理百姓和国家，是他非常重视的问题。显然，以"仁爱"治天下是最符合儒家道德传统标准的。在《孝经·天子章第二》中，孔子就论述了天子如何以仁爱治天下的具体要求："天子要对百姓仁爱，不施行暴政；要对百姓尊敬，不能傲慢。对百姓的仁爱和尊敬要像对待自己的长辈一样，以德孝对待百姓，施行天下，这就是天子之孝。"意思是说，天子只有对百姓仁爱、尊敬，才能深得人心、巩固政权，这是天子最大的孝道；否则，百姓造反、江山改易，就会成为天子最大的不孝。因此，明智的汉文帝把施行仁政作为自己的至高境界。

文景之治

汉文帝刘恒即位后，于文帝二年（公元前178年）和十二年（公元前168年）分别两次"除田租税之半"，即租率最终减为三十税一。文帝十三年（公元前167年），还全免田租。同时，文帝对周边的敌国也不轻易发兵，而是尽力维持和平，以免耗损国力。这就是轻徭薄赋的政策。

汉文帝生活十分节俭，宫室内车骑衣服没有增添，衣不曳地，帷帐不施文绣，更下诏禁止郡国贡献奇珍异物。因此，国家的开支有所节制，贵族官僚也不敢奢侈无度，从而减轻了人民的负担。

汉文帝重视农业，多次下令劝课农桑，根据户口比例设置三老、孝悌、力田若干人员，并给予他们赏赐，以鼓励农民生产。

随着生产日渐得到恢复并且迅速发展，汉朝出现了多年未有的安定富裕的景象。史称："京师之钱累巨万，贯朽而不可校。太仓之粟陈陈相因，充溢露积于外，至腐败不可食。"

　　景帝即位后，采用窦太后（文帝皇后）的黄老治术，实行无为政治，节俭爱民。后因采用晁错的主张，削夺诸侯王的封地，导致七国之乱。幸而依靠太尉周亚夫平定，自此中央权力巩固，诸王毫无实力。

　　"文景之治"是中国历史上经济文化发展水平最高的盛世之一，为后来汉武帝征伐匈奴奠定了坚实的物质基础。

■ 文苑拾萃

汉文帝

（宋）卫宗武

恺悌而爱人，恭俭以持己。
府库有余财，勿忍为己费。
田租奉人上，屡至为民赐。
不肯私嬖臣，以存大臣体。
不敢私贵戚，以贻天下议。
澹乎无嗜好，绝不尚功利。
断刑岁数百，烟火绵万里。
礼乐虽未遑，亦足为善治。
洪惟庆历君，盛德概相类。
爰立俱名臣，后元则无是。

戴封为官宽厚待民

戴封（生卒年不详），字平仲，东汉济北郡刚（今宁阳县）人，东汉和帝时官至太常，居九卿之首，以仁义闻名。

东汉时，有一个叫戴封的官员，他为人十分宽厚仁慈，总是把百姓的利益放在第一位，时时处处为百姓着想。

戴封自青年时起就是一个勤奋好学的人。他15岁背井离乡，来到京师洛阳，进入太学念书。不久，因为成绩优异，很快出师。他又投在东海郡人的门下，继续钻研更深的学问。

戴封太学时的同学石敬平，因为染了重疾，不幸病故。京城里世态炎凉，人人都不愿多管闲事，更何况是收殓死人？石敬平又没有亲戚在京城，他的尸体就一直这样放着。戴封见了，心中非常不忍，想着："他的父母还不知道发生了什么事，可能还一直盼望他功成名就，早日还乡，我怎能不管呢？至少也要让他父母知道，况且人死也该入土为安的。"于是他拿出自己身上所有的钱，买了一具棺材，又典当一些东西当路费，风尘仆仆地将石敬平的灵柩送回家乡。

石敬平的父母见了儿子的棺木，好像晴天霹雳，两位老人家哭得死去活来，伤心欲绝，天下最悲哀的事，莫过于白发人送黑发人。戴封看了也忍不住掉下眼泪，只得安慰他们说："伯父、伯母请节哀，保重自己身子要紧。这里是他生前所有的东西和书籍，你们把它保存好。"

戴封交代就绪转身就要离去，石敬平的父母千恩万谢，想送给戴封一些东西作为谢礼，戴封摇了摇头，便匆匆告别而去。

这件事使得所有人对戴封刮目相看，更加敬佩他的为人。

他在返京城长安的路上，突然遭劫，所带财物全被掠去，只剩下7匹用以书文写字的缣帛没被路贼发现。后来，戴封摸清贼居，把那7匹帛送给众贼，说："我知道诸位家道甚贫，为养老带少，顾及温饱才如此劫掠。不然，你等不会做贼的，用这布帛换些钱粮解家中之困吧。"众贼不相信有这样的好事，一时惊愕，都感动得落下眼泪，哭诉说："你是贤良之人啊，我等做贼本丧天良，你不但不恨我等，而且还跟踪给予周济，从今饿死也不做贼。"

戴封后来做了西华县令。有一年遇上了旱灾，西华境内连续几个月没落一滴雨，水渠里的水干涸了，田地也都裂开了，百姓们个个叫苦连天，愁眉苦脸，大家唉声叹气地说："唉！这样下去怎么得了？"

"求老天爷行行好，快点下雨吧！否则我们就要饿死！"

戴封见到这种情形，便杀鸡杀羊祭神，但是天空仍然没有下雨的迹象。眼见老百姓如此痛苦，戴封心里有说不出的难过，犹如刀割一般。

一天，他找来一些木柴，自己往上一坐，点燃柴火，默默祈祷说："老天爷！处罚我这无用的官吧！请不要再折磨老百姓了！"

说也奇怪，当木柴噼里啪啦开始燃烧时，顷刻之间，天空乌云密布，哗啦啦下起了大雨，将火浇熄了。百姓们欢声雷动，纷纷为戴封鼓起掌来。

在大家心目中，戴封是一位爱民如子的父母官，因此，他的官愈做愈大，后来做到了中山相。

当时，各地的死囚有四百多人。为了让他们见亲人最后一面，戴封特地放他们回家一段日子，然后约定同一天回来受刑。这些囚犯感念他的恩德，到了这一天，全部赶回受刑，没有一个逃跑。

皇帝知道了这件事，特地颁诏书嘉勉他。

■故事感悟

戴封心地仁厚，送死者回家，赠盗贼布帛，甚至愿牺牲自己换来百姓安康，这些都是他仁德的表现。他的做法非常人可比，其杀身成仁的壮举感动后人。

■史海撷英

戴封治蝗

戴封在任西华县令期间，曾巧设障物治理蝗灾。

戴封一到任，西华县就发生了波及汝颍郡的特大蝗灾。到处都是飞起的蝗虫，遮天蔽日。飞蝗每落一处，庄稼树木一食而光，秸秆无存。

然而，蝗虫食遍了周边县境，唯独不敢入西华县境。原来，戴封在上任的第二天就预知会有蝗虫来袭，因而紧急动员民众在县界布障物，蝗虫遇障即逃。

■文苑拾萃

《后汉书》

《后汉书》是由我国南朝刘宋时期的历史学家范晔所编撰的一部记载

东汉历史的纪传体史书，为"二十四史"之一。《后汉书》也是继《史记》《汉书》之后的又一部重要历史典籍，与《史记》《汉书》《三国志》并称为"前四史"。

《后汉书》主要记述了上起东汉的汉光武帝建武元年（25年），下至汉献帝建安二十五年（220年），共195年的史事。该书综合了当时流传的七部后汉史料，并参考袁宏所著的《后汉纪》，叙述简明周详，故而取代了以前各家的后汉史。北宋时期，曾有人把晋朝司马彪的《续汉书》志30卷与之合刊，成为今天的《后汉书》。

少年骆统舍己助人

骆统（193—228），字公绪，三国时吴国会稽郡乌伤县（今义乌市）人，曾任乌程相、骑都尉、中郎将、偏将军、濡须督等职，封新阳亭侯，为吴国著名将领之一。

骆统是三国时期吴国人。他的父亲骆俊为人刚直，不肯屈从权贵，被袁术借故害死，母亲不得已改嫁给别人做小妾。骆统知道母亲是不自由的，他不想再拖累母亲，便一个人孤零零地返回老家会稽，去投奔亲友。

临行，母亲哭着送他，骆统暗自发誓：回家乡后，一定发奋读书，做父亲那样的人，做出一番大事业来，不能辜负慈母的殷切期望。

几年过去了，骆统长成了英俊的少年，他读书十分用功，平时也很懂事。别人有困难，只要他知道，就会不声不响地帮忙，乡亲们都很喜欢他。

有一年蝗灾来了。成群结队的蝗虫袭来，成熟的庄稼一粒也没剩下，大地一片荒芜。

有余粮的人家好不容易保住了性命，没有余粮的人就只能在死亡线上挣扎。渐渐地，树皮、草根，凡是能吃的都没有了。许多人饿得躺在地上不能动弹，不少人开始向别处涌去，但又有更多的人从别处涌来。

看着饥饿的人群，骆统心里非常难受。有一次，他看到一位老伯饿得快不行了，他走上前去，把自己的热粥递到老人手里。以后，每逢吃饭，骆统总是找借口到外面吃，然后把自己那一份分给眼看就要饿死的人。渐渐地，他两颊的红晕消失了，衣服在身上显得肥大起来。晚上，他躺在床上饿得睡不着。但是，他想到自己每顿饭少吃点儿，忍一忍饿，也许就能挽救一个乡亲。

有一天，他的姐姐来看望他。姐姐见他脸色不好，人也瘦多了，像生了一场大病的样子，忙追问他是怎么回事。问了很多遍，骆统才讲出了真正的原因。他望着姐姐诚恳地说："姐姐呀，你来看，周围有那么多的人都在挨饿，我怎么能忍心只顾自己吃饱，不管别人呢？"

骆统领着姐姐走到门前，让姐姐看那些饥饿的难民。姐姐鼓励他说："你做了这样的好事，为什么不对姐姐说呢？姐姐还可以支援你一些粮食呢，但是你自己也要保重身体。"

于是，姐姐从家里拿来了粮食，交给了他。姐姐在探望母亲的时候，把骆统的事对母亲说了，母亲十分赞赏骆统的行为，把家里的存粮也让姐姐带给了骆统，让他救济当地的百姓。许多乡邻靠骆统的帮助熬过了灾荒，他们非常感激骆统的帮助，骆统的名气也传开了。

■故事感悟

骆统在存粮所剩无几的情况下，宁可自己忍饥挨饿，也积极救助灾民，他的义举得到了姐姐和母亲的支持，真可谓仁德之家。这种舍己为人的仁义精神，永远值得人们学习。

骆统的军事才能

221年，骆统随东吴大都督陆逊征战夷陵，帮助陆逊火烧刘备兵营，立下战功。这一年，骆统仅30岁。

史书记载：陆逊当年在夷陵担任大都督指挥作战时，东吴诸将"各自矜恃，不相听从"，唯独骆统文武全才，又性情随和，因此，陆逊经常与骆统共商大计，并请骆统在众将军中间做些协调沟通工作，骆统也显示出了他非凡的组织协调能力。

当时，刘备率军从江州到达夷道，一路进军600里，几乎没遇到什么阻挡。刘备的官兵和陆逊的部下都不明缘由，耻笑陆逊为"书生用兵，只会让地"。只有骆统深知陆逊的用意，两人可谓心照不宣。

刘备一路扎了四十余座大营，每处都安排兵力守营，拉长了战线，分散了实力。陆逊、骆统等坚持6个月不出兵，任蜀兵在阵前叫骂。后来，陆逊在骆统的帮助下，采用"火烧连营"的办法，一举大败刘备，迫使刘备退守白帝城，彻底夺取了"夷陵之战"的胜利。

蜀兵溃退后，吴将徐盛、潘璋、宋谦等人要求陆逊发兵追赶，活捉刘备以灭蜀。他们还纷纷上书孙权，孙权专程派人前来征求陆逊的意见。陆逊犹豫不决，而骆统则竭力反对出兵追击。他与其他两人联名上书孙权说："曹丕召集将士，外表上说是帮助我们讨伐刘备，内心却另有奸计。我们决定立刻退兵，请您马上布置须濡坞驻防和沿江东北一带的防御，千万！千万！"

果然，陆逊的军队刚刚退到荆州，北面就传来了紧急军情：魏兵分三路，准备进攻东吴。孙权即派建威将军吕范、副将朱桓等分头迎战，同时又采用陆逊和骆统的建议，修书魏主曹丕，采取称臣对策，才使得曹丕进兵无由，保住了东吴的实权。

临江仙

（明）杨慎

滚滚长江东逝水，浪花淘尽英雄，
是非成败转头空，青山依旧在，几度夕阳红。
白发渔樵江渚上，惯看秋月春风。
一壶浊酒喜相逢，古今多少事，都付笑谈中。

黄霸为官施惠百姓

黄霸（前130—前51），字次公，西汉淮阳阳夏（今河南太康）人，曾任河南太守丞、扬州刺史、颖川太守、太子太傅、御史大夫和丞相，是中国历史上的著名廉吏之一。《汉书》中记有："自汉兴，言治民吏，以霸为首。"意思是，自汉朝建立以来，若说治理百姓，使之安居乐业，黄霸当为众官之首。

黄霸是西汉时期的著名良吏。他任颖川太守时，宣帝多次颁布对百姓施以恩泽的诏书，诸如减免赋税、严禁乱摊派等。一些地方官出于私利，迟迟不宣布这些诏书，不让百姓得到实惠。基于此，黄霸挑选了一些比较好的官吏，尽快将皇帝的旨意传到了百姓中间，给百姓带来了实际的利益。

在任期间，黄霸喜欢微服巡行，同百姓促膝谈心，认真了解他们的生活和生产情况，听取他们的意见和建议，用做自己从政治民的参考。比如，他从百姓的言谈中受到启发，下令每个驿站、每个基层单位都养猪养鸡，用以周济那些鳏寡孤独者；制定条规、教令，对百姓实行教化；健全乡村组织，劝导百姓防奸为善；强调耕织、节俭，倡导植树、养殖，以利百姓发家致富等。

由于黄霸经常深入乡村百姓，所以对颍川各方面的情况都了如指掌。某个村的孤寡老人死后无钱埋葬，他能详细地指示地方官，某某地方有大木头，可以为死者做棺材；某某地方的驿官养着猪，可以为死者做祭品。当属吏们照其指示去办时，发现实际情况和他说的一模一样。大家震惊之余，无不将其奉若"神明"。

黄霸对百姓宽厚，也非常爱抚属下。当时，许县的县丞上了年纪，耳朵又聋，有人建议黄霸免去他的职务。黄霸说："该县丞是一位清廉的官吏，虽然老了，却还能做事。至于耳朵有点儿聋，不算大问题。我们应多方帮助他，不要让贤能的人失望！"那人还是不理解，问他为什么这么做，他说："如果频繁地更换僚属，免不了要送旧迎新，增加不小开销，这些花费都要出在百姓身上。何况新换的官吏未必都是贤能的，说不定还不如旧任，何必白白添乱呢？"

许县县丞的留任，令一些老吏们感慨万千。从此，他们解除了后顾之忧，更加勤政廉政。那些年轻的属吏们也由衷地佩服黄霸，都能自觉地办好所分管的各项公务。

黄霸在颍川任职八年。在他的治理下，郡里的户口数目连年增加；在朝廷考核时，其政绩被评为全国第一。宣帝特地下诏表彰他："颍川郡太守黄霸，能宣明皇帝的诏书和法令，百姓都受礼教感化，孝顺父母的子女、相互友爱的兄弟、贞节的妇女，一天比一天增多；百姓路遇，彼此礼让；遗失在路上的东西，无人捡起来据为己有；鳏寡者有人赡养，贫穷者有人帮助；监狱中八年没有重罪犯；官吏、百姓多有义行。黄霸可称得上而今的贤人君子！"

□故事感悟

作为封建时代的官吏，黄霸能虚心听取百姓意见，采取有利于百姓的措施；爱护属下，并得到了属下的拥护。这种以仁义待人，处处从百姓利益出发的行为实在可贵。

■史海撷英

黄霸"平叛"

西汉时期，颍川郡有几个县的居民聚众围攻县府，郡太守逃到京城向汉宣帝求救，要求派武将镇压这些"刁民"。丞相推荐黄霸去平叛，宣帝同意了。

黄霸一路微服前行，进入颍川地界后，看到了无数逃荒要饭的百姓。他们都称自己的土地被豪强恶霸抢去了，没有田种，没有饭吃，不逃荒就得被活活饿死。于是，黄霸向汉宣帝写了一份奏章，恳请宣帝恩准在颍川开仓放粮，将颍川郡的几万流亡农民安置好，"刁民"的问题也就解决了。

宣帝答应了黄霸的这个要求。因此，黄霸到颍川后，便号召流亡百姓回乡，凡回乡开荒种田者，均发放粮食，发放种子，还会免去税赋和劳役。为了赢得百姓的信任，黄霸带头脱掉官服官靴，亲自下地拉犁耕地。外出逃荒的流亡农民见状都纷纷回来耕种了。

为了让流亡的农民能安心耕地，不再外逃，黄霸又责令各县县令安置逃荒者。他说："流亡农民不想造反，也不想背井离乡去逃荒。这些逃荒流亡农民既是劳动力，又是社会不稳定的因素。把这些流亡农民安置好，这就是你们的政绩。"

华佗行医一视同仁

华佗（约145—208），东汉沛国谯（今安徽亳州市）人，字元化，著名的医学家。华佗天资聪慧，勤勉善学，幼年曾在徐州一带游历求学，受过系统的医术训练。由于他精通典籍、学识出众，被沛国相陈圭荐举为孝廉。一些官员也重其才拟聘他为幕僚，均被他婉言谢绝。华佗专攻医道，在内外科、妇科、小儿科及针灸等方面样样精通，有手到病除、起死回生之妙术，被人民誉为"神医"。

华佗是东汉末年名医，其行医事迹在《后汉书》《三国志》都有明确记载。这些事件虽不乏传奇色彩，但却表现出华佗医道娴熟、精益求精、为人正直、一心为民的高尚医德。

华佗一生行医的宗旨是救死扶伤，为人解除病痛。不管是被人请去诊治，还是在家中、在路上，也不管病人是官员还是平民百姓，他都一视同仁，有求必应，尽到了医生的职责。

有一位妇女怀胎6个月，腹痛不得安宁，请华佗诊视。他依据脉象诊断说："你是怀孕期间受了伤，胎儿已经死在腹中。"华佗立即配药为之打胎，果然打下来的一个男婴形的死胎，这位妇女的病也痊愈了。

有一位太守患病，华佗看过后认为，这个人大怒一场病就会好。于是他采取了激将法，要了太守许多钱却不给他治病，临走时还留下一封信大骂这太守，太守勃然大怒，下令把华佗捉回来杀掉。太守的儿子深知华佗的真实用意，嘱咐手下人不要追赶。太守愤怒到了极点，吐了几升黑血，病全好了。

有一次，一个腹痛得非常厉害的患者被送到华佗家里，华佗为病人诊过脉，又按按肚子，断定病人患的是肠痈（即阑尾炎）。华佗认为他的病靠针灸和药物是不行的，非开刀不可，于是便给病人服了自制的"麻沸汤"进行麻醉，立刻手术，割去了阑尾。术后用丝线缝合伤口，再敷上药，过了几天，病人的伤口完全愈合，一个月后恢复了健康。

华佗精于针灸，疗效奇特。魏王曹操得了偏头风，每当发作，心乱眼花，坐立不安，他便征召华佗为身边"侍医"。每当曹操头疼，华佗就为他针刺治疗，手到病除。

在曹操身边的待遇很优厚，但华佗一心想着人民的疾苦，因此借口妻子有病离开了曹府。曹操见多次征召他都不回来，便大发雷霆，把他关进了监狱，最后竟下令杀掉他。

临刑前，华佗将自己毕生积累的经验撰写成书，交给狱卒。但狱卒生怕因此而获罪，不敢接受。华佗怀着无比的忧愤和痛苦，含泪将医书投入火中焚烧。

华佗的著作虽然没有留下来，但他一心为民的奉献精神却受到历代人民的赞颂。

□故事感悟

华佗用高超的医术和高尚的医德挽救了无数人的生命，但他不愿侍候权贵以获得荣华富贵，最终被害，令人扼腕叹息。在华佗身上，我们看到了他的仁爱之心。这种不求名利、一心为民的精神值得后人学习。

■史海撷英

华佗的对症治疗

华佗以"对症施治，灵活多变"的科学态度为人民治病。郡府中的官吏倪寻、李延同时来就诊，他们都头痛发烧，病痛的症状相同，华佗却说："倪寻应该把病邪泻下来，李延应当发汗驱病。"

有人对这两种不同疗法提出疑问。华佗回答说："倪寻是外实症，李延是内实症，病因不同，所以治疗方法也应当不同。"他分别给两人服了药，第二天一早两人一同病好起来了。

■文苑拾萃

送李去病赴召

（宋）郭印

五岳四渎今异方，东西南北衣冠乡。
巽维久挽六龙驾，江浙人物无遁藏。
参井之区最遐僻，步武难依日月光。
吾皇侧席伫贤俊，紫泥屡下勤搜扬。
蜀士肯来天颜喜，一一引对罗周行。
鸟群鸾凤夐超诣，台阁禁从森翱翔。
君今再召欻幡改，爱主忧民心未忘。
波澜浩荡江湖阔，忠信唯将一苇航。

十年世故已熟讲，不到帝所难铺张。
当今国病入骨髓，愿君审处囊中方。
参苓芝术固美矣，瞑眩之药方为良。
扁鹊名世解说死，华佗活人须浣肠。
君其持此拯危急，祛除痼疾针膏肓。
一身安荣岂足道，要与四海同康强。

辛公义厅堂设榻救病人

　　辛公义（540—602），隋朝陇西狄道人。辛公义早年丧父，由母亲一人抚养，母亲亲自教他读书。北周天和年间，朝廷挑选品性好的人做太学生，辛公义凭勤奋出名。北周武帝时，召他入露门学，让他接受道义。武帝每月召他到身边让他和学识渊博的学者谈论，他多次得到皇帝赞叹，当时同举人都仰慕他。

　　辛公义是隋朝人，曾跟随军队攻打陈国，因功劳卓著而被授予岷州刺史官职。

　　辛公义上任后，发现当地的风俗是害怕病人。如果一个人生病了，全家人不但不照顾他，反而都躲避他。即使是父子之间、夫妻之间也都互相不看护照料，忠孝仁义之道都失去了，因此患病的人大多数都死亡了。

　　辛公义对这种情况十分不解和担忧，便想改变一下这个习俗。于是，他派遣官员到四处巡行，凡是遇到患病的人，就都用床抬来，然后把他们安置在一个处理政务的大厅中。夏天瘟病流行时，厅堂里的病人有时候达到几百人。而辛公义也在大厅中亲自摆放一榻，独自坐在里面，从白天到黑夜，面对着这些病人处理政务。他所得的俸禄，也全都用来为病人买药治病，并亲自劝病人进食。病人在辛公义的照顾和治疗下，都全部病愈了。

随后，辛公义才叫来这些患者的亲人，告诉他们说："死是由天决定的，不会相互传染。过去你们抛弃他，这是死的原因。现在我将患病的人聚集起来，并在他们中间办事睡觉，假如说能传染，我哪能够不死的，病人又怎么能恢复健康呢？你们以后不要再相信传染这件事了！"

那些患病者的儿孙们听了辛公义的话都十分惭愧。后来郡里再有人患病，病人就争相到他那里去，病人家里没有亲人的，就留在他的家里供养。于是，这里的人才开始关爱有病的人。风俗改变了，全境内的人都称呼辛公义为慈母。

后来，辛公义调任牟州刺史。刚刚到任，他就到监狱里去亲自审问案情。十多天内，辛公义将积压的案件全部判完，才回到大厅。受领的新案子，也都不再用文字记录，而是派一个掌管办事的辅助官员坐在一旁审问。如果案子没审完，当事人必须要监禁起来时，辛公义就回到厅里住宿，案子不结案，他就不回内室睡觉。

有的人劝他说："审理案子是需要一定时间的，你何必这样折磨自己呢？"

辛公义回答说："我担任刺史却没有德行可以教导百姓，还让百姓拘禁在狱中，哪有被监禁的人在狱中而自己心里踏实的呢？"

犯人听到这些话后，都诚心服罪。后来，有想打官司的人，乡里的父老就开导说："这是小事，怎么能忍心让刺史大人辛苦劳累呢？"于是，打官司的人大多双方相让，也不再跑到县衙打官司了。

■故事感悟

辛公义爱民如子，胸怀仁德，使地方百姓都安居乐业、道不拾遗。一个为官仁政的管理者，往往能够改变当地的风气。这也是我们当今的管理者需要去学习的！

赠王侍御

（唐）王建

愚者昧邪正，贵将平道行。

君子抱仁义，不惧天地倾。

三受主人辟，方出咸阳城。

迟疑匪自崇，将显求贤名。

自来掌军书，无不尽臣诚。

何必操白刃，始致海内平。

恭事四海人，甚于敬公卿。

有恶如己辱，闻善如己荣。

或人居饥寒，进退陈中情。

彻晏听苦辛，坐卧身不宁。

以心应所求，尽家犹为轻。

衣食有亲疏，但恐逾礼经。

我今愿求益，讵敢为友生。

幸君扬素风，永作来者程。

唐太宗重视民生

李世民（599—649），陇西成纪人，祖籍赵郡隆庆，唐高祖李渊次子，唐朝第二代皇帝，在位23年（626—649年）。李世民是中国历史上著名的军事家、政治家，中国古代最有作为的皇帝之一。他即位后虚心纳谏，厉行节约，与百姓休养生息，使社会出现了国泰民安的局面，经济发展繁荣，军事力量强大，为后来的"开元盛世"奠定了重要的基础，将中国传统农业社会推向了鼎盛时期。他在位时的年号是"贞观"，后人称他的统治为"贞观之治"。

626年，唐高祖李渊的次子李世民登上了皇位。当时的唐朝是在隋末天下大乱的基础上建立的。连年的战乱，使社会经济遭到严重破坏。黄河以北许多地方，旷野千里不见人烟；江淮之间，田地里到处长满野草；全国人口只有300万户，只及隋朝极盛时人口的五分之一；庞大的军队，众多的官员，只能靠苛捐杂税维持，老百姓受不了，只好弃地逃亡，流浪他乡；土地荒芜太多，又造成了粮食奇缺，长安粮价最贵时，一匹绢才能换到一斗米。

李世民刚从乱世经历过，深知"民为邦本"的道理。他对大臣们说："君主依靠国家，国家依靠百姓，靠剥削百姓来侍奉君主，等于割自己的肉充饥。""人君的灾祸，不是从外面来，总是自己造成的，人君贪欲太多就要多费财物，多费财物就要多加税收，税收加重了百姓就愁苦，百姓愁苦了国家就危险。""治国好比种树，树根牢固，树叶就茂盛了。所以，为君之道，必须先存百姓。"在这种思想指导下，他汲取大臣魏征与民"安静"的意见，采取了一系列利国利民的措施：

第一是减轻赋税。对山东等一些受灾严重的地方，甚至免税一年。个别地区，他还安排救济饥民。

第二是大力兴修水利，促进农业生产。

第三是想方设法增加人口。他派使者与突厥谈判，让其归还掳去的中原百姓；同时下令放逐长期被关在宫中伺候皇上的宫女3000人。另外，还规定凡是到了一定年龄未成家的男女青年，由州、县官帮助他们及时结婚。

第四是尽力克制自己的欲望，提倡节俭，反对奢侈。他住在前朝留下来的旧宫殿里，不大兴土木。

第五是认真贯彻均田制，实行计口授田，规定每个丁男应有田30亩，努力使老百姓有田种，有饭吃。

为了促进农业生产，唐太宗不但委派官员到各地"劝课农桑"，而且还亲自在宫廷后面开了几亩地，带头种起了庄稼。长孙皇后也组织起后宫的妃子、宫女，学农村妇女的样子，养起蚕来。他们的行动，不但对当时农业生产的恢复和发展起到了较好的推动作用，而且也使他们真正体会到了农业生产的辛苦。

有一次，太宗对即将分赴各地"劝农"的使者说："我才试种了几亩地，就感到很疲乏。我想，农夫种田几十亩，终年不息，他们就更加辛苦了。所以你们到州县去，一定要亲自到田头垄间去看看，不得叫人迎送。如果送往迎来，误了农时，这样的劝农还不如不去。"作为一个封建帝王，如果没有亲身的劳动实践是说不出这番话的。

由于李世民采取了许多有利于生产、有利于人民的措施，加之他本人能够以身示范，以民为重，爱护民力，满目疮痍的中国大地慢慢地复苏起来，并以较快的速度发展起来，唐代的政治、经济、文化都兴盛起来，这就是历史学家们津津乐道的"贞观之治"。

故事感悟

李世民亲眼目睹了人民群众反抗暴政的全国性大起义，深知官逼民反的道理，所以采取了一系列轻徭薄赋、发展生产的措施，保证了社会的稳定和发展。作为一位封建帝王，能心为百姓想，利为百姓谋，处处以仁德待民，确实难得，为后世君主树立了光辉的榜样。

史海撷英

天可汗

唐太宗李世民即位后，实行了开明的民族政策，大大地提高了唐朝中央政权的威望。

唐朝在消灭东突厥以后，善待被俘的突厥人，东北地区的奚、室韦等十几个部落和西域的各小国都纷纷要求内属。逃到高昌的突厥人，听说唐朝对归降的突厥人待遇优厚，重又回来归唐。

630年三月，西域和北部边疆各族的郡长来到长安，尊奉唐太宗为各族共同的首领"天可汗"。从此，唐太宗不仅是唐朝的皇帝，还是各民族的最高统治者。他晚年曾说："自古帝王虽平定中夏，不能服戎狄，朕才不逮古人而成功过之。"

唐太宗开明的民族政策，是古来的帝王所不可比拟的，融洽的民族关系也极大地促进了唐朝的社会发展。

第三篇
为他人舍身取义

汲黯冒死放粮济民

汲黯（？—前112），西汉濮阳（今河南濮阳西南）人，字长孺，汉景帝时为太子洗马，武帝即位后为谒者，并先后任荥阳令、东海太守、主爵都尉，位列九卿。汲黯好学，又好仗义行侠，很注重志气节操。他平日居家，品行美好纯正；入朝，喜欢直言劝谏。他为官清正，廉洁奉公，死后家无余资，为后人所称道。

西汉武帝时期，河内（今陕西）地区雨水过多，河流暴涨，黄河大水滚滚而下，人们的房屋被冲毁了，牲畜被冲走了，庄稼被淹没了。

洪涝过去后，可怕的旱灾又一次降临到大地，一连好几个月不下雨，地里的庄稼全部枯死了。接下来，这一带出现了令人目不忍睹的景象：牲畜吃光了，草根、树皮吃光了，有些地方出现了人吃人的现象。

在饥饿和死神面前，人们绝望了。人们多么需要粮食啊！哪怕是一丁点儿，也能给生命带来希望啊。

这时，汉武帝的使者汲黯来到了河内地区，他看到了枯死的庄稼，饥饿的百姓，死人的尸骨。他想，应该赶快救济百姓，不然百姓就活不下去了。于是，他马不停蹄地来到了河内地区的官府，让当地太守详细汇报河内灾情。

太守说："先是无休止的水灾，接着又是可怕的旱灾，农民苦苦挣扎劳动，却没有收到粮食……"

"你们怎么不向皇上报告呢？"

"已经派人报告去了，过一段时间才回来。"

"太晚了，这里每天都会饿死许多人呀！"

太守吞吞吐吐地说："我们也没有什么办法啊！"

汲黯急切地问太守："这里的粮仓里有存粮吗？"

"有啊！"

"那你们为什么不赶快开仓救济百姓？"汲黯气愤地问太守。

太守说："没有皇上的命令我不敢开仓啊！"

汲黯沉默了。是啊，没有皇上的命令，谁要是私自打开国家仓库取粮食，那可是要杀头的啊！但也不能眼看着百姓饿死不管啊。汲黯的眼前又浮现出了百姓们悲哀地呻吟、痛苦挣扎的情景，他下了决心，现在是救人要紧，就是被杀头，也要救救这些百姓。

想到这里，汲黯果断地对太守说："开仓！把粮食取出来救济百姓！"

"开仓？"太守怀疑自己是否听错了。开仓是要被杀头的啊！他提醒汲黯说："大人，没有皇上的命令啊！"

"现在救人要紧，到时候皇上怪罪下来，一切后果由我负责！"

太守被汲黯的大胆果断所镇服，终于答应开仓救济百姓。

河内地区人民得到了救济，免除了饥饿的威胁，生产生活很快安定下来了。人们奔走相告，称赞汲黯仁德爱民的高尚行为。

后来，汉武帝知道了这件事，他不但没有惩罚汲黯，还对汲黯大加赞赏。

作为封建时代的一名官员，汲黯不顾及自身安危，以民为先，坚持开仓放粮，挽救了无数人的生命。他的仁德之心最终得到了汉武帝的赞扬，更得到了人民的拥护和歌颂。

汲黯刚直不阿

汉武帝的母亲王太后的弟弟武安侯田蚡做了丞相后，仗势持骄，目空一切，朝臣来拜，多不为礼。汲黯对田蚡的这种傲慢的态度很看不惯，便与之抗礼，见到田蚡时也不拜。大将军卫青的妹妹卫子夫也是皇后，人皆敬畏，而汲黯见到卫青后，也是只作揖而不拜。

有人问汲黯："自天子下尊贵莫过大将军，你为何见而不拜？"

汲黯说："以大将军之尊，而门有常揖者，表明他能降贵礼贤，这将使他的名声更加提高。"

卫青闻后，对汲黯更加尊重。

李诚之满门忠烈

李诚之（1153—1221），字茂钦，南宋东阳（今浙江省东阳市人）人，宁宗庆元初始任官职，分教鄱阳，历福建安抚司干办公事，刑部、工部架阁，棹国子录，以谗罢官，后起用为江南西路转运司干办公事，改通判常州，迁知郢州、蕲州。宁宗嘉定十四年，金兵攻陷蕲州李诚之以身殉国，年69岁。

李诚之是吕祖谦非常欣赏的学生。他勤于务学，又特别能言善辩，入太学后成绩优异。但他一生只担任过福建按抚司公事、刑部架阁文字、国子学录、郢州知州这样的中、低级官吏，最后出知蕲州时已经是六十多岁的老人了。

不过值得欣慰的是，不论身处何地，身处何职，李诚之都能兢兢业业，恪尽职守：充国子监学录，规矩严明，制度井然，太学生们望而畏惮；任江西转运司干办公事，阻止部使者不当敛钱；在通州等地任职，额定财赋，解决拖而不决的钱粮问题，充实地方军费；知湖北郢州，大修边防，置办战守之具，增置地方粮仓，训练民兵队伍，确保当地的一方平安……真正做到了自己座右铭所说的那样："镇压不可以无威，必和易以通下情；断制不可以不独，必博谘以尽众策"，宽猛相济，造福地方。

对李诚之来说，人生的顶峰当推他在蕲州时轰轰烈烈的抗金岁月。据文献记载，李诚之刚到蕲州时，当地百姓因为没有遭遇过战争之苦，所以该地没有任何有意义的防御措施，城池荒芜，军备松弛。李诚之出任知州后，为防御金兵南下入侵，保证蕲州百姓的生命财产安全，他修整了城墙的高度与宽度，增加了观敌瞭战的女儿墙，挖深拓宽了护城河，充实了地方粮仓的贮备量，昼夜不停地训练士兵，有条不紊地进行了一系列防御准备。

当上司提点刑狱使因为黄陂一带无险可守，要求蕲州派兵修筑障碍堤，并分戍他乡时，李诚之据理力争，反对上司这种劳民伤财的蛮干行为，认为其修筑障碍堤只不过是为金兵南下提供更为便捷的道路，地方民兵只能为保家卫乡起一些作用，根本不能当做官军用于正面作战。

1221年，南下湖北的金兵直趋蕲州而来，久未遭遇兵燹的蕲州终于经历了历史上的大灾难。此时李诚之已经任职期满，准备返回家乡了。但在大敌当前的危难时刻，李诚之没有临阵脱逃，而是挺身而出，与自己的家属一起，继续留在蕲州，担当起领导蕲州军民抗金的重任，上演了一幕气吞山河的悲壮剧幕，实践了自己"既任其责，不敢顾身""职任所在，惟当尽死以守"的誓言。

因为原有兵力被上司分散，李诚之不得不挑选城内的壮丁若干名，招募300名敢死队员，先挫敌先锋于蕲州城外，后分兵把守蕲州城内各个交通要道，防止金兵混入。金兵大举攻城，李诚之精心组织蕲州军民，采用各种办法，逐个击破金兵的进攻：用火烧毁金兵企图跨越城池的木排；用水浇灭金兵火烧战楼的希望；用钩系长绳的办法对付金兵攻城爬墙的云梯；制作了成千上万个布囊，装填泥土，放置城墙上，让金兵进攻的火炮失去威力；深夜派遣敢死队员，夜袭金营，扰乱对方军心；一方面埋瓮于地下，派人侦听金兵挖地道，另一方面在地道的入口处施放毒气，不使其计得逞……

即使知道自己孤立无援后，李诚之仍然"神色自若"，镇定从容地指挥蕲州军民奋勇杀敌。最后由于叛将投敌，蕲州的城门终于被金兵攻克。在与金兵展开了短兵相接的巷战后，又历经五六个小时的拼杀，终因寡不敌众，敌我力量过分悬殊，蕲州保卫战以失败告终。李诚之自杀身亡，其子、侄阵亡战场，其妻、媳投水自尽。

■故事感悟

"生，我所欲也；义，亦我所欲也。二者不可得兼，舍生而取义者也"。大敌当前，李诚之能镇定自若，组织民众，奋起反击，英勇杀敌，终因寡不敌众，血染蕲州，且满门忠烈，其人其事惊天地、泣鬼神，永远彪炳史册。

■文苑拾萃

头陀成庵主刺血写法华经

（宋）蒲寿宬

丹书何切切，滴心不滴血。
纵使血可乾，其如心不竭。
蜀鸟啼作花，至今万山缬。
杀身以成仁，遗训有先哲。

谭嗣同血洒中华

谭嗣同（1865—1898），字复生，号壮飞，又号华相众生、东海褰冥氏、廖天一阁主等，湖南浏阳人，清末巡抚谭继洵之子，出生于北京宣武城南烂漫胡同邸第，著名的维新派人物。1898年谭嗣同参加戊戌变法，变法失败后，于1898年9月28日在北京宣武门外的菜市口刑场英勇就义。同时被害的维新人士还有林旭、杨深秀、刘光第、杨锐、康广仁，六人并称"戊戌六君子"。

谭嗣同少怀大志，能文章，通剑术，为人慷慨。他5岁就开始苦读四书五经之类的典籍，从10岁起，即拜笃好经世之学的欧阳中鹄为师，后又在当时名扬幽燕的侠客大刀王五（王正谊）门下学艺。从欧阳中鹄和大刀王五身上，谭嗣同学到了广博的知识和精湛的武艺。

谭嗣同的父亲谭继洵在各地做地方官，他随父亲到过甘肃、新疆和台湾，漫游了黄河两岸和大江南北，走了八万多里的路程。这不仅使他开阔了眼界，加深了对祖国的热爱，也使他亲眼看到了广大人民饥寒交迫的生活情景，从而产生了挽救民族危亡，为祖国的进步事业献身的念头。

后来，谭嗣同到北京找到梁启超，两人成了亲密朋友。梁启超对谭嗣同十分佩服，写信给康有为说："谭嗣同才识明达，魄力绝伦。我见过的人很多，其中不乏抱负的人物，但要数谭嗣同为第一。"

不久，谭嗣同写成了有名的《仁学》这部书，反对封建伦理道德，号召人们冲破封建伦常的罗网，谭嗣同的这种思想，与当时的康有为不谋而合。

光绪二十年（1894年），谭嗣同更进一步意识到接受西方先进技术的必要性，因而倾其全力研治西学。此时，他已阅读了大量现有的自然科学译著，并在数学领域表现出非凡的才能。他在家乡发起创立了一个算学社。面对顽固守旧官绅的攻击压制，他不屈不挠，无所畏惧。后来，谭嗣同应邀回湖南，协助巡抚陈宝箴举办新政。陈宝箴主湖南新政，朝气蓬勃，想以湖南开东南新政之先。同时，湖南省学政徐仁铸是谭嗣同故交，也在倡导新学。

是年七月，黄遵宪署理湖南按察使，黄曾长期任驻美国、英国及日本的外交官，接受过许多新思想，因此也是维新运动的重要骨干。

与此同时，谭嗣同办起了宣传变法的《湘学新报》，这是湖南开办的第一份报纸。

谭嗣同还任南学会会长，不仅主持会务，并且在该会举办的集会上作过多次颇有影响的讲演。南学会的宗旨，在于团结南方一切重要维新人士，探讨如何使中国富强，如何把发源于湖南的新思潮发扬光大。经过各方面努力，湖南各界人士扩大了眼界，因而置轮船，兴实业，筹办铁路，风风火火地做起实事。

从此，谭嗣同的名声越来越大，在北京的维新派大臣徐致清向光绪皇帝推荐了他。光绪皇帝召见了谭嗣同，让他和杨锐、林旭、刘光第四个人到军机处办事，主持变法。

变法开始蓬勃地开展起来了，但却触怒了掌权的慈禧太后。慈禧决定废掉光绪皇帝，自己垂帘听政。光绪皇帝感到自己的处境非常危险，立即写了一封密诏给康有为。上面写着："我的皇位可能保不住了，你们要快些想出妥善的办法搭救。我现在十分着急，就指望你们了。"

八月初一，慈禧的心腹荣禄手下的大将袁世凯来到北京。在这之前，康有为曾经向皇帝推荐过袁世凯，说他是个了解洋务又主张变法的新派军人，如果能把他拉过来，变法的力量就增强了。

光绪皇帝也觉得康有为他们是书生，无权无势，变法要成功，非有军人支持不可，就命令袁世凯进京接受召见。这一天，他召见袁世凯以后，马上就给了他侍郎的官衔。

荣禄注意到皇帝在拉拢袁世凯，马上调动起自己的亲信部队进驻北京和天津，切断了住在天津小站的袁世凯进京的通道。

八月初二，光绪皇帝又写了一封密诏交给林旭，林旭连忙把三天以前那份密诏也带出宫交给了康有为。

康有为和谭嗣同等人看了第一封密诏，立刻紧张起来，接着又看第二封，那上面写着："形势已经大变，康有为等要立即出京。你们要爱惜身体，将来才能为国办大事，建立功业，也不负我的希望了！"

康有为读完，已经泣不成声，其他人跟着大哭起来。

哭了一会儿，康有为说："要解救皇上，只有干掉荣禄。听说皇上已召见过袁世凯了，他现在还在北京。"谭嗣同立刻站起来说："让我去见他！"

八月初三深夜，谭嗣同单独到袁世凯在北京的住处去见了他。两个人寒暄了几句之后，就谈起了光绪皇帝召见的事。

谭嗣同先试探着问："你对皇上的印象怎么样？"

袁世凯感慨地说："没说的。当今皇上是从来没有过的贤明君主。"谭嗣同不再犹豫了，马上取出光绪皇帝的密诏给袁世凯看，又诚恳地说："现在皇上大难临头，只有你有能力救他。你既然忠于皇上，就应该竭尽全力搭救。"

接着又说："你如果贪图富贵，就请到颐和园去向太后告密。把我杀了，你就可以升官发财！"

袁世凯站起来，正颜厉色地说："你把我袁世凯当成什么人了？我一定会听从皇上调遣。"

谭嗣同听了袁世凯信誓旦旦的保证后就回去了，第二天袁世凯便回了天津。他一下火车就去见荣禄，把谭嗣同夜访的情况一字不漏地告诉了他。荣禄听得变了脸色，当天就坐专车到北京去颐和园面见慈禧太后。

慈禧太后马上动手，把光绪皇帝幽禁在瀛台（今中南海）。接着，他又命令逮捕那些维新派人士和官员。

事变发生的时候，谭嗣同正和梁启超在住处商谈，有人进来报告说："大事不好了！皇上已经被太后软禁起来。朝廷已经下令逮捕康先生，现在正派人四处搜查呢！听说没有抓住康先生，就把他的弟弟康广仁抓走了。"

谭嗣同听了，心里像刀扎似的难受。他知道变法已经失败了，可他毫无慌张的表情，从容地对梁启超说："我是不怕死的，就让他们来捉拿吧！"

梁启超说："那怎么能行呢？还是逃吧。"

谭嗣同回答说："没有逃命的人，我们的事业就会中断；没有流血牺牲的人，就不能报答皇上对我们的恩情。你快走吧。"

梁启超急忙离开了谭嗣同的住所，后来辗转去了日本。

梁启超走后，谭嗣同和他的老师大刀王五准备营救光绪皇帝，无奈宫禁森严，囚禁皇上的瀛台更是四处环水，无法接近，只好无功而返。谭嗣同看到无力挽救光绪皇帝，就决心以身殉国，整天在自己的书斋里看书，静候捉拿他的人。这时，有朋友劝他说："你赶快离开北京还来得及，还是避避风头，到日本或者南方再说吧！"他父亲谭继洵也写信劝他快点逃命。谭嗣同毅然拒绝了这一切劝告，他对朋友们说："各国变法都是经过流血才成功的。中国还没有听说有因为变法而流血的人，这就是国家不能进步昌盛的原因。既然如此，为变法而流血的事就从我谭嗣同开始吧！"

过了几天，荣禄派人逮捕了谭嗣同，把他押入了监牢。谭嗣同在牢房里从容自若。他在墙上题了一首诗："望门投止思张俭，忍死须臾待杜根。我自横刀向天笑，去留肝胆两昆仑。"意思是说，虽然死亡等待着我，但能为国家和民族利益而死，我感到自豪。我和康有为先生肝胆相照，都是像昆仑山一样挺立的人。

8月13日，清政府决定杀害谭嗣同、林旭、杨深秀、刘光第、杨锐、康广仁六人。在行刑前，谭嗣同面带微笑，高声对围观的群众朗诵了他的诗句："有心杀贼，无力回天；死得其所，快哉快哉！"

■故事感悟

这才是真正的舍身成仁啊！谭嗣同为了革命事业义无反顾，表现了大无畏的革命精神。中国人民要想摆脱侵略，求得国家的富强，人人都要具备这种舍身成仁的精神！

■ 史海撷英

谭嗣同游历大江南北

1884年，谭嗣同离家出走，游历了直隶（今河北）、甘肃、新疆、陕西、河南、湖北、江西、江苏、安徽、浙江、山东、山西等省，一路观察风土人情，结交名士。劳动人民反封建斗争精神的濡染开阔了谭嗣同的视野，也使他的思想更加富于斗争性。

1888年，谭嗣同在著名学者刘人熙的指导下，开始认真研究王夫之等人的著作，汲取了其中的民主性精华和唯物色彩的思想，同时又广为搜罗和阅读当时介绍西方科学、史地、政治的书籍，丰富自己。

■ 文苑拾萃

狱中题壁

（清）谭嗣同

望门投止思张俭，忍死须臾待杜根。
我自横刀向天笑，去留肝胆两昆仑。

罗盛教入冰救儿童

罗盛教（1931—1952），湖南省新化县相子村人，1949年参加中国人民解放军，1951年4月参加中国人民志愿军入朝作战，参加了抗美援朝战争秋季防御作战。1952年2月，中国人民志愿军领导机关为罗盛教追记特等功，同时授予他"一级模范""特等功臣"的称号。同年4月1日，中国新民主主义青年团中央委员会决定追认罗盛教为"模范青年团员"。1953年6月25日，朝鲜民主主义人民共和国最高人民会议常任委员会授予他一级国旗勋章及一级战士荣誉勋章。2009年9月14日，他被评为100位新中国成立以来感动中国人物之一。

罗盛教同志出生于一个贫困的家庭，仅上过很短时间的学。他的家乡解放后，他参加了解放军。1951年4月，罗盛教响应党的号召，又参加了中国人民志愿军，随部队奔赴朝鲜。

在朝鲜的日子里，罗盛教和部队驻地平安南道成川郡石田里的老乡们结下了深厚的友谊。他经常帮房东大妈担水、劈柴，乡亲们都夸奖罗盛教是好样的。

1952年1月2日清晨，罗盛教和战友宋惠云一起去河边练习投掷手榴弹。当时正值隆冬季节，河面已被厚厚的冰雪盖住，几个儿童正在滑冰，笑声阵阵。忽然，不远处传来了呼救声，有人掉进冰窟窿了！罗盛教把自己的帽子往地上一扔，冲了过去。他一边跑一边飞快地脱掉身上的衣服，到出事地点后，他毫不犹豫地跳进了冰河里。

过了好一会儿，罗盛教才浮出河面，他没有找到那个孩子。他深深地吸了口气，又钻进水里。又过了一会儿，罗盛教终于将落水的孩子托出水面。当那少年两臂扒住冰面往上爬时，突然，"哗啦"一声，冰塌了，少年连人带冰又落入水中。这时罗盛教全身已冻得发紫，体力已快消耗殆尽，但他却又一次潜入水中。过了好久，他才用头和肩将少年顶出水面。这时宋惠云已将一根电线杆拖到河边，少年抱住电线杆被拉上了岸。人们急切地等待着罗盛教，然而，他却再也没有上来。为了抢救落水的朝鲜儿童，罗盛教英勇献身了。

全村老百姓都赶到了河边，沉痛哀悼这位英勇的志愿军战士。村民们将罗盛教安葬在村庄边的佛体洞山。

■故事感悟

罗盛教同志将朝鲜人民视为自己的亲人，他不顾自身安危，奋力将落水的朝鲜儿童救出。孩子得救了，罗盛教同志却献出了自己的宝贵生命。在他身上闪耀着中华民族的仁义美德和国际主义的光辉，中朝两国人民都会永远记住他。

■史海撷英

罗盛教同志的学习生活

1949年11月，罗盛教参加了中国人民解放军，成为湖南省湘西军政干部学校的一名学员。

罗盛教的文化程度较低，因此听起课来十分吃力，也抓不住重点，笔记记不全。为了不掉队，每次下课后，他都要将别人的笔记借来与自己的笔记进行对照，查缺补漏，然后再用钢笔工工整整地抄写一遍。

在建校劳动中，需要将倒在河中的一棵树抬到岸上搭桥用，罗盛教第一个跳入冰冷的河水中。在他的带动下，全班二三十个同学也都陆续跳进河里，终于将树拖上了岸，搭起了桥。

由于表现突出，1950年2月1日，罗盛教加入了中国新民主主义青年团。

■文苑拾萃

舞剧《罗盛教》

本剧是根据罗盛教同志的真实事迹所创作，也是新中国成立后最先创作的舞剧之一，1952年曾参加了全军第一届文艺汇演。

此后，《罗盛教》在全国演出了近200场，得到了各方面好评。1952年、1953年还两度随赴朝慰问团到朝鲜演出。朝鲜领导人金日成在观看了本剧后，给予了很高的评价。

程谦谋为正义牺牲

程谦谋（1919—1949），1938年考入四川省立戏剧学校学习。在学校，程谦谋和许多进步同学一起，反对学校建立三青团，反对职业学生的特务活动，反对检查师生信件。1944年秋程谦谋辞职回到重庆，参加了民主运动。1945年10月程谦谋与周特生、屈楚等发起组织了"现代戏剧学会"。1948年2月，经王朴介绍程谦谋参加了中国共产党。不久，中共地下刊物《挺进报》被敌人破坏，程谦谋因叛徒出卖而被捕。1949年11月27日，程谦谋被国民党反动派集体屠杀在渣滓洞监狱内。

1948年12月的一天，共产党员程谦谋在外出办事的路途中，不幸被叛徒李文祥和便衣特务发现而被捕。

程谦谋被捕后，国民党特务并没有把他立即关入监狱，而是由叛徒李文祥和国民党便衣特务带着，在重庆的一些街道、茶馆、码头出没，要程谦谋指认出哪些是共产党人和进步人士，并以此为"诱饵"诱人上钩，发现线索便立即抓人。

然而，从始至终，程谦谋都拒绝配合抓人。特务们无计可施，最后将程谦谋关入重庆中美合作所渣滓洞监狱。

在阴湿的渣滓洞监狱里，敌人对程谦谋进行了严刑逼供。由于身份已经暴露，续办的《挺进报》也被捣毁，程谦谋在审问中回答得干脆而简单："我叫程谦谋，中共党员，新《挺进报》的主编。"

在狱中，程谦谋不屈不挠，对国民党特务和敌人看守的无耻罪行经常痛骂不已，对敌斗争也从不妥协让步，甚至连监狱要他理发、修面，他都拒绝了。他也因此在狱中留了满头的长发和一脸的络腮胡子。

对敌人，程谦谋十分仇恨，而对狱友，他又十分地热情。他对狱中的斗争充满了信心，并且表现乐观，有时还很诙谐。

程谦谋在狱中还开办了"戏剧讲座"，给难友们讲述各种戏剧故事。他还利用放风、吃饭等机会，教难友们唱歌、跳舞，排演文艺节目，用文艺武器鼓舞斗志，活跃生活，打击抵抗敌人。

当新中国的第一面五星红旗在首都升起的消息传到狱中后，程谦谋和他的难友们都满怀胜利的喜悦同国民党狱警继续斗争，终于获得了狱中联欢演出的机会。程谦谋同难友们走出牢房，载歌载舞，欢庆胜利。

在一个严冬的夜晚，几个狱友坐在一起畅想未来，有个狱友说："但愿我们能活到解放的那一天。"

程谦谋却沉着严肃地说："那不一定，也可能会有牺牲。不过，为了全国人民能过上幸福的生活，个人牺牲了也值得。"

1949年11月27日，穷凶极恶的国民党反动派在溃逃前夕制造了惨绝人寰的白公馆、渣滓洞监狱的"一一·二七"大屠杀。从当天下午开始，一批又一批共产党人和革命志士被国民党反动军警押出监狱残酷杀害。直到深夜，杀软了手的刽子手们来不及一批批杀人，便把狱中剩下的人集中在一起集体枪杀。

程谦谋和一些共产党人、革命志士就是在敌人进行集体枪杀时倒在了血泊之中的，遇难时他才30岁。

■故事感悟

程谦谋的血是滚烫的，他的精神是永生不灭的！程谦谋虽然牺牲了，但他那种为了革命杀身成仁的大无畏精神，永远是我们学习的榜样！

■史海撷英

《挺进报》的诞生

1947年3月5日，重庆的国民党出动军、警、宪、特进行全市性的、大规模的逮捕，重庆处于一种白色恐怖之中，四川省委和《新华日报》的全体人员被迫撤回延安。

由于《新华日报》的撤离，重庆消息闭塞，谣言充斥，白色恐怖日益加剧，许多人都感到苦闷焦虑，甚至悲观失望，地下党的同志和进步群众都十分渴望了解到解放战争的进展情况，《挺进报》就在这样的背景下诞生了。

《挺进报》的前身名叫《彷徨》，是一种由中共南方局四川省委领导、在重庆市出版的"灰皮红心"的杂志，主要编辑和工作人员有蒋一苇、刘熔铸、陈然（小说《红岩》成岗的原型）、吴子见等。

四川省委和《新华日报》撤走后，《彷徨》便失去了领导。但是，几个同志决定继续按"灰皮红心"的方针将报纸办下去，并隐蔽下来，以待时机，同时积极寻找党组织。

1947年4月，他们无意中收到了一卷从香港寄来的新华社编的《新华通讯稿》，上面报道了人民解放军在各个战场取得胜利的消息。这份报纸让他们极为兴奋，如获至宝，因此，几个人就把《新华通讯稿》摘编刻印成油印小报，在熟悉可靠的同志中传阅。

以后，每当他们收到《新华通讯稿》都这样处理。这份没有取名的油印小报在地下党和进步群众中迅速地不胫而走，深受欢迎，引起了重庆市委的重视。

1947年7月，重庆市委委员彭咏梧（小说《红岩》彭松涛的原型）与刘熔铸接上了关系。市委根据当时的需要，决定以这份"无名小报"为基础，出版市委的地下机关报。并决定将《彷徨》停刊，由蒋一苇、陈然、刘熔铸、吴子见等几个人分别负责地下机关报的出版工作。经他们商议，将这张小报定名为《挺进报》，并先后由彭咏梧、李维嘉领导《挺进报》的工作。

1947年11月，《挺进报》成立特支，由刘熔铸任书记。后来刘熔铸调走，由陈然担任了《挺进报》的特支书记。

■文苑拾萃

《曾胡治兵语录》节选

一、必须谆嘱将弁，约束兵丁，爱惜百姓，并随时访查，随时董戒，使营团皆行所无事，不扰不惊，戢暴安良，斯为美备。

二、爱人当以大德，不以私惠。

三、圣贤、仙佛、英雄、豪杰，无不以济人济物为本，无不以损己利人为正道。

四、爱人之道，以严为主。宽则心驰而气浮。

新时代英雄李向群

李向群(1978—1998)，海南琼山人，1996年12月入伍，广州军区某集团军塔山守备英雄团九连一班战士。1998年8月5日，李向群随部队赴湖北荆州抗洪抢险，14日在抗洪抢险一线光荣加入中国共产党。在公安县南平镇堤段的抗洪保卫战中，他带病坚持抢险，先后4次晕倒在大堤上，终因劳累过度，抢救无效，于1998年8月22日壮烈牺牲，年仅20岁。

1998年夏季，中国南方罕见地多雨。持续不断的大雨，以逼人的气势铺天盖地地压向了万里长江，使长江无须臾喘息之机地经历了自1954年以来最大的洪水。

在抗洪抢险过程中，英雄战士李向群为了维护国家和人民利益，置生死于不顾，以其20年的短暂生命和22个月的短暂军龄，谱写了壮丽的人生赞歌，被誉为"新时期的英雄战士"。

1978年，李向群出生在海南琼山，生前曾是广州军区塔山守备英雄团九连战士。他家中虽然有百万家产，但为了追求崇高的人生理想，李向群还是毅然地选择了参军。

在部队的大熔炉里，李向群很快便由一名普通的青年成长为一名合格的战士。在湖北抗洪抢险中，他报名参加了部队的抢险突击队，筑堤固坝，常常肩扛两袋泥沙大步快跑，抢险堵口时总是最先跳进汹涌的激流中。即便是生病了，他还是带病战斗，先后四次晕倒在大堤上。当李向群被送到医院抢救醒来后，他又拔掉输液的针管上堤战斗，最终因劳累过度而壮烈牺牲。

为了表达对李向群烈士的深切怀念，灾区三万群众自发地赶来参加烈士的追悼会，并在烈士生前抗洪的地方树起纪念碑。中央军委授予李向群"新时期英雄战士"光荣称号。

■故事感悟

李向群为了维护国家与人民的利益，置生死于不顾，用自己年轻的生命谱写了一曲新时期英雄战士的赞歌，令人敬佩！